JN058504

ケースでわかる

【実践型】
職場のメンタルヘルス
対応マニュアル

医師
森本英樹・
Morimoto Hideki

弁護士
向井 蘭[著]
Mukai Ran

中央経済社

はじめに

　メンタルヘルス対策は何となく必要だと思っているものの，対策を立てるモチベーションがわきにくいと感じておられる方が多いのではないでしょうか。その理由はVroomというアメリカの心理学者が提唱した期待理論というものが参考になります。Vroom氏は，①どこまでやればよいのか明確で，②どうしたらよいのかの戦略が立っており，③達成したときの成果が魅力的であれば，人はその目標に向けて動機づけがされるとしています。メンタルヘルス対策をVroomの期待理論に照らし合わせると①②③いずれも明確ではないと感じる人が多いのが，対策が進みにくい一因かもしれません。

　とはいえ，産業医や弁護士の立場からメンタルヘルス分野に関わり続けている私たちにとっては必ずしもメンタルヘルス対策が手をつけにくいものというわけではありません。メンタルヘルス対策は目標も戦略もある程度はっきりしていますし，実際に成果も出ます。本書は産業医と弁護士の２人の専門家が企業のメンタルヘルス対策，特に悩みがちな，実際にメンタルヘルス不調になった従業員への個別対応を中心に，どのように進めていくべきかをできるだけ簡潔にお伝えするために作られました。

　本書の読者として，総務部や人事部といった人事労務管理に関わる人，産業医や産業看護職，産業心理職といった産業保健に関わる人，弁護士や社会保険労務士といった企業の労働法に関わる人を想定しています。また，メンタルヘルス不調で苦しんでいる，もしくは苦しんだことのある会社員，そしてそのご家族，精神科で実際に治療にあたる主治医にとっても，本書は役立つと思います。

　第１章では，メンタルヘルスの現状と対策の必要性について解説しています。メンタルヘルス不調者は増加しており，労使紛争も増えている中，企業の

課題や成果をどう見すえていくかについて説明しています。第2章では，メンタルヘルス対策として話題の中心となるメンタルヘルス不調者の休復職に関する対応を具体的に解説しています。この章は，メンタルヘルス不調になった方やそのご家族にも学びがあるかと思います。第3章では悩ましい復職・退職判定の勘所，第4章ではメンタルヘルスに関連する問題社員対応，第5章では休職期間満了時の退職勧奨等，第6章ではメンタルヘルスに関連して起こりうる労災対応を記載しました。第7章では，実際に起こりうる事例を30ケースほど提示しています。第1章〜第5章を踏まえた形で解説もつけています。第8章では，2019年4月に働き方改革の一環で始まった従業員の健康情報管理について解説しています。

　本書の特徴の1つとして，産業医と弁護士がそれぞれの立場から考えと対処案を示しています。本書を手に取った皆さんの中には，「本当にこんなケースもあるのか」と驚く方もいらっしゃるかもしれません。わかりやすくするために状況を際立たせている面もありますが，似たような事例は実際に会社の中で起こっています。考えや対処案については極力コンパクトにまとめていますので，経験豊富な人にとってはすでにご存じの内容もあるかもしれません。まずケースを読んで「自分だったらどう考えるか？　どう対応するか？」ということを検討してから読み進めてはいかがでしょうか。

　メンタルヘルス対策は他の人事労務の課題と同様に唯一の答えはありません。本人だけでなく，会社や時には家族を踏まえた判断が求められます。一方で，現時点で順当な選択肢のように見えるものでも，今後の展開や判例を踏まえると選択するべきでないものもあります。つまり，選択肢に幅はありつつも，選択すべきでない候補もあり，臨機応変に対応する必要があります。

　そしてメンタルヘルスの分野は，どんなに経験豊富であっても1人ではうまく進まず，関係する人たちと連携することが大切です。そして，連携するためには相手の役割や考え，役割の中でできること・できないことを知らないとうまくいきません。自身に近い立場のコメントは知識の整理として，違う立場の

コメントは相手を知ることとして役立てていただければ幸いです。

　そして，灯台が船長の進路を示すように，皆さんが知りたい内容や悩ましい事態に本書がうまくフィットすることを願っています。

　2020年5月

医師　**森本　英樹**

弁護士　**向井　　蘭**

目　次

はじめに・i

第 1 章　メンタルヘルスの現状，対策の必要性 ……… *1*

1-1　メンタルヘルス不調者は増え続けている ……………………… 2

1-2　メンタルヘルス不調者と紛争 ……………………………………… 3

1-3　メンタルヘルス，過重労働と社会的な潮流 ………………… 5

　　1-3-1　メンタルヘルス，長時間労働に関する状況・5

　　1-3-2　仕事との両立を考えるべき事項が増えている・7

1-4　企業がメンタルヘルス対策を行う必要性 …………………… 9

1-5　メンタルヘルス分野は労使対立構造なのか―協業して復帰を
　　目指すという考え …………………………………………………… 13

1-6　企業のメンタルヘルス対策の現状と課題 ………………… 16

1-7　それぞれの立場から見たメンタルヘルス ………………… 18

1-8　メンタルヘルス対策の成果 ……………………………………… 22

第 2 章　復職支援の実際―休復職対応の基本 ……… 25

2-1　知っておきたいメンタルヘルスの通達など ………………26

　　2-1-1　労働者の心の健康の保持増進のための指針・26

　　2-1-2　心の健康問題により休業した労働者の職場復帰支援の
　　　　　手引き・27

　　2-1-3　労災認定基準・27

2-2　メンタルヘルス対応を行う上で大切なキーワード …………30

2-2-1 疾病性，事例性，作業関連性・30

2-2-2 治療の3本柱・31

2-2-3 メンタルヘルスの病気の回復のプロセス・33

2-2-4 病状の4ステップ――骨折を例に・35

2-2-5 適切な療養期間とは・37

2-2-6 会社規模に応じた産業保健チーム，連携方法，チーム内守秘・39

2-2-7 主治医との良好な関係づくり・42

2-2-8 二重関係，多重関係・43

2-3 メンタルヘルス不調と兆候 ……………………………… 45

2-4 休職開始前後の対応 …………………………………… 48

2-4-1 事例性で会話をする・48

2-4-2 診断書を提出してもらう・49

2-4-3 休職するか，仕事を続けながら治療するか・50

2-4-4 周囲の人が医療機関の受診を勧めるときの方法・52

2-4-5 会社の窓口を決める・52

2-4-6 休職にあたり必要な情報を本人に伝える・53

2-4-7 引き継ぎをどうするかという悩ましさ・55

2-5 休職中の対応 …………………………………………… 57

2-5-1 定期的な連絡を取る・57

2-5-2 状況・体調を確認する，療養環境を確認する・57

2-5-3 診断書の有効期限を切らさない・58

2-6 復職検討段階での情報収集・評価 ……………………… 59

2-6-1 生活記録表の重要性・59

2-6-2 日常生活が送れるようになった＝復職ではない・61

2-6-3 復職に必要な姿を本人に伝え，共にゴールを目指す・63

2-6-4 あらためて休業理由を振り返り，再発防止策を検討する・65

2-6-5 復職可能の診断書をとるそのタイミングも重要・66

2-6-6 この時期に本人にいかに対応するかが復職の成否に最も影響する・67

2-7 復職の適切な判断 ……………………………………………………69

2-7-1 復職時に最低限確認すべき事項・69

2-7-2 復職時に提出を求めるべき書類，作成する書類・72

2-7-3 就業配慮事項と期限を明確にする・72

2-8 復職後のフォロー ……………………………………………………74

2-8-1 復職後も定期的に面談することが大切・74

2-8-2 復職後に発生する課題は重要な振り返りの機会・75

2-9 復職の際に検討すべきオプション ……………………………76

2-9-1 復職判定委員会・77

2-9-2 試し出社・77

2-9-3 リワーク・79

2-9-4 リハビリ勤務・80

2-9-5 EAP・81

2-9-6 ジョブコーチ・81

第 **3** 章 復職・退職判定の勘所

85

3-1 復職・退職判定の判断基準 ……………………………………86

3-2 復職・退職判定における主治医診断の重み ………………86

3-3 復職・退職判定の際の主治医面談・情報提供の必要性 …… 87

3-4 主治医面談の際の注意点 ………………………………………89

3-4-1 主治医面談は可能・89

3-4-2 できれば対面での面談がよい・89

3-4-3 会社担当者の心構え・89

3-4-4 主治医に説明・確認すべき内容・90

3-5 主治医診断の信用性 ……………………………………………92

3-5-1 前提事実の認識欠如を指摘する・92

3-5-2 単に患者の言うとおりに書いただけである点を指摘する・93

3-5-3 短時間での変遷を指摘する・94

3-5-4 主治医診断の矛盾点・不自然な点を指摘する・94

3-6 産業医判断と主治医診断が異なる場合の対応等 ……………96

3-6-1 産業医の位置づけと役割・96

3-6-2 復職・退職判定に関する産業医の関わり方・97

3-6-3 産業医判断と主治医診断が異なる場合の対応・98

3-6-4 復職後の業務をどう決めるか・102

105

第4章 問題社員対応

4-1 他人を攻撃する精神疾患従業員への対応 ……………106

4-1-1 従業員に指摘された違法状態を是正した・107

4-1-2 暴言や名誉毀損に対して反論や懲戒処分を行っていない・107

4-1-3 書面のみならず何度も電話し復職に向けて根気よく対応している・108

4-2 妄想・幻覚のある精神疾患従業員への対応 ……………109

4-2-1 日本ヒューレット・パッカード最高裁判決・109

4-2-2 退職や懲罰より治療・110

4-2-3 忍耐強く対応する・110

4-2-4 粛々と対応する・111

4-3 休職期間中の問題行動に対する対応 ……………113

4-3-1 マガジンハウス事件・114

4-3-2 主治医の診断がポイント・115

4-4 復職後の問題行動 ……………116

4-4-1 東京合同自動車事件・116

4-4-2 休職期間満了後の問題行動への対応・118

第5章 退職勧奨 — 121

5-1 面談の重要性 ……………………………………………………… 122
- 5-1-1 「心の健康問題により休業した労働者の職場復帰支援の手引き」における面談の位置づけ・122
- 5-1-2 面談と書面やメールだけのやりとりでは情報量が異なる・122
- 5-1-3 面談を定期的に行う事案はトラブルになりにくい・123
- 5-1-4 事前の情報収集が重要・123

5-2 連絡がつかない精神疾患従業員への対応 …………………… 123
- 5-2-1 対応の際の留意点・123
- 5-2-2 ワコール事件（京都地判平28.2.23労働判例ジャーナル51号13頁）・124
- 5-2-3 実務上の留意点，解決方法・125

5-3 精神疾患従業員に対する退職勧奨 ………………………… 127
- 5-3-1 エム・シー・アンド・ピー事件（京都地判平26.2.27労判1092号6頁）・128
- 5-3-2 実務上の留意点，解決方法・129

第6章 メンタルヘルス不調と労働災害 — 133

6-1 年々増え続ける精神障害の労働災害件数 …………………… 134
6-2 最近増えている「労災申請しますよ」 …………………… 134
6-3 精神障害について会社の安全配慮義務違反が認められた場合の賠償額 ……………………… 135
- 6-3-1 労災認定されていること・136
- 6-3-2 長期化していること・136
- 6-3-3 賠償額が高額化していること・137

6-4 精神障害について労災申請が行われる可能性のあるケース
　　　　　　　　　　　　　　　　　　　　　　　　　　 137
　　6-4-1 長時間労働と休職期間満了退職（解雇・自然退職）のケー
　　　　　ス・137
　　6-4-2 パワーハラスメントと休職期間満了退職（解雇・自然
　　　　　退職）のケース・139
6-5 精神障害について従業員（元従業員）が労災申請を行った
　　場合の対応 ────────────────── 141
　　6-5-1 事業主証明・141
　　6-5-2 意見書作成・142

145

第7章 事例紹介

7-1 採用 ─────────────────────── 146
　　Case 1 入社してから言わないで・146
7-2 治療前 ──────────────────── 149
　　Case 2 病院に行かない・149
7-3 休職中 ──────────────────── 151
　　Case 3 休職中に海外へ・151
　　Case 4 休職期間中連絡が取れない従業員への対応・154
7-4 復職前後 ─────────────────── 156
　　Case 5 本人が戻ってきたといったから戻したのに…・156
　　Case 6 主治医からの業務軽減要求・159
　　Case 7 主治医からの異動要求・162
　　Case 8 リワーク卒業できましたよ！・164
　　Case 9 で，車の運転は？・168
7-5 復職後 ──────────────────── 174
　　Case10 復職時の情報不足・174
　　Case11 パフォーマンスを出してほしい・176

Case12　管理職から降格させるべき？・178

Case13　合理的配慮を求められた・181

7‐6　退職 ……………………………………………… 185

Case14　休職満了直前。もう少しで復職可能レベルになりそう・185

Case15　主治医に問い合わせできない・187

Case16　休職を繰り返す・190

Case17　体調不良者に対する退職勧奨・192

7‐7　注意すべき症状 …………………………………… 195

Case18　死にたいと言っています！・195

Case19　誰かに見張られているんです・199

Case20　お酒臭いんですけど…・202

7‐8　注意すべき状態 …………………………………… 205

Case21　単身赴任中の従業員の療養・205

Case22　海外赴任で調子を崩す人が多くて…・207

7‐9　労災 ……………………………………………… 211

Case23　退職後，労基署にかけこむ・211

Case24　あの人パワハラするんです・214

7‐10　医療 …………………………………………… 217

Case25　医者と会えない・217

Case26　メンタルヘルス分野は苦手でして…・220

Case27　私に依存してこないで！・222

7‐11　その他 ………………………………………… 224

Case28　家族が前面に立つ・224

Case29　前の人にはしてくれたのに私にはなぜ配慮がないの・226

第8章 従業員の健康情報管理　229

8-1　なぜ従業員の健康情報の取扱いがクローズアップされたの
　　　か ……………………………………………………………230
8-2　規程化するための具体的な方法 ……………………………232
　　　8-2-1　方針を決める・232
　　　8-2-2　現状を洗い出す・233
　　　8-2-3　実際の規程を作成する・234
8-3　作成・運用する際の留意事項 ………………………………236
　　　8-3-1　労使の協議が必要・236
　　　8-3-2　個別に同意書にサインしてもらわなければならないの
　　　　　　　か・236
　　　8-3-3　情報の共有範囲の設定・237
　　　8-3-4　保存形式に注意・237
　　　8-3-5　保存期間に注意・237
　　　8-3-6　退職者情報の取扱い・238
　　　8-3-7　在籍出向，転籍出向の情報管理・238
　　　8-3-8　特別な業務に関する健康情報・239

COLUMN

勤務間インターバル制度・8
心理的安全性・12
産業医ってどんな人？・21
健康経営とISO45001・24
メンタルヘルス不調者が発生しにくい職場づくり・29
産業医のより良い活用方法・41
ストレスチェックを活用していますか・47
事実と意見・感情を切り分ける・56

メンタルヘルス教育の重要性・68

アイメッセージ，ユーメッセージ・76

中途採用者のメンタルヘルス・83

休職制度はなくてよいのか・88

休職期間を延長するべきか・91

就業規則を守らない休職命令・95

復職後の賃金を下げられるか―日本の人事制度・賃金制度を考える・104

問題行動を起こす場合こそ面談が必要・112

休職は解雇猶予・120

ユニオン対応・131

社会保険労務士・239

あとがき・241

索　　引・243

第**1**章

メンタルヘルスの現状，対策の必要性

　本章では，メンタルヘルス不調者の数や状況，社会の流れを踏まえた上で，企業がメンタルヘルス対策をすべき理由について説明していきます。概要をつかむためには必要な情報ですが，いますぐメンタルヘルス不調者の対応をしなければならない方や，すでに一定の知識を持っているという方は次の章から読んでください。

1 - 1　メンタルヘルス不調者は増え続けている

　患者調査という行政が3年に1度実施しているデータがあります（＊1）。全国の医療機関をランダムにピックアップして，医療機関を受診した人が何人いるか，その病名は何であるかということを調べる調査です。これを見ると，メンタルヘルス不調で病院やクリニックにかかっている人が日本にどの程度いるかということがわかります。2017年のデータになりますが，精神疾患で病院を受診している人の総数（推定）は約419万人です。日本の人口を1億2,000万人とすると，おおよそ29人に1人という数になります。その多さに驚かれると思います。なお，本書では言及しませんが，認知症の人（約70万人）やてんかんの人（約22万人）などがこの人数に含まれます。

　実は，この調査から15年前の2002年の患者調査では，精神疾患で病院にかかっている人の総数は258万人でした。つまり，2002年から2017年の15年間で精神疾患の患者数が1.6倍になっています。

図表1－1 ＞ 精神疾患は増えている

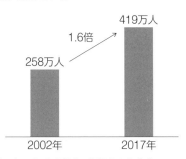

（出所）厚生労働省「平成29年（2017）患者調査の概況」より作成

　病名の内訳を見ると，気分障害のグループ（うつ病や躁うつ病）が，71万人から128万人と1.8倍。神経症性障害のグループが50万人から83万人と1.7倍です。ここから先は筆者の推測ですが，実際にストレスが増えているというよりは，従来ならば心療内科や精神科を受診しないまま苦しんでいた人が，病院やクリニックに行き治療するようになったのではないかと思います。なお，日本生産性本部による企業を対象とした2017年のアンケート調査では，最近3年間の「心の病」の増減について，増加傾向と答えた企業が24.4％，横ばいが59.7％，減少傾向が10.4％となっています（＊2）。

　次に，自殺（自死ともいいます）を見ていきます。必ずしも自殺者がメンタルヘルス不調になっているとは限りませんが，密接な関係にあると推測できます。年次推移を見ていきますと，2017年では約21,000人が亡くなっています（＊3）。この数値はまだまだ多いのですが，ずいぶんと減少傾向にあります。15年前の2002年は約32,000人でした。自殺者が3万人を超えたのは1998年のことで，その年は不良債権に公的資金が投入されるなど日本が混乱の渦中にあった時期でもありました。その1998年からなんと14年間，自殺者が3万人を切ることはなかったのです。近年になって自殺者数が減少してきた理由は，種々の自殺予防対策が進んできたことに加え，経済・生活問題や健康問題といった理由で自殺する件数が少なくなってきていることが統計からは読み取れます。

　このようにメンタルヘルス不調者は増えていると考えられますが，一方で自殺者は少なくなってきています。

＊1　厚生労働省「平成29年（2017）患者調査の概況」
　　　https://www.mhlw.go.jp/toukei/saikin/hw/kanja/17/index.html
＊2　公益財団法人日本生産性本部「第8回『メンタルヘルスの取り組み』に関する企業アンケート調査結果」（2017年）
　　　https://www.jpc-net.jp/research/detail/002773.html
＊3　警察庁「自殺者数」
　　　https://www.npa.go.jp/publications/statistics/safetylife/jisatsu.html

1-2　メンタルヘルス不調者と紛争

　労働に関する相談や紛争は，かなりの件数があることをご存じでしょうか。

行政の報告によると，2018年度の労働相談件数は，約112万件にのぼります(*1)。うち，労働基準法違反の疑いがあるものは約19万件，個別労働紛争相談に該当するものが約27万件ありました。個別労働紛争相談はこの10年間で過去最大の件数です。個別労働紛争相談の内訳を見ると，1位が「いじめ・嫌がらせ」の25.6%，2位が「自己都合退職」の12.8%，3位が「解雇」の10.1%となっています。

図表1－2 ＞ 民事上の個別労働紛争相談件数の内訳（平成30年度）

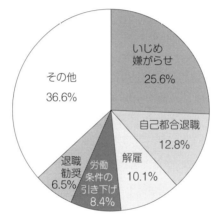

（出所）厚生労働省「『平成30年度個別労働紛争解決制度の施行状況』を公表します」(2019年)

　労働相談や個別労働紛争の中に，メンタルヘルス不調が関係しているものがどの程度の割合であったかについてはわかりません。しかし，あっせん申請された事案を独立行政法人 労働政策研究・研修機構が調べています(*2)。それによると事案は，「大企業で多い」，「いじめ・嫌がらせが多く，解雇や労働条件引き下げ，退職勧奨などでも発生」と分析されています。

　会社の業務が原因で，メンタルヘルス不調になることもあります。つまり労働災害（労災）です（2-2-1参照）。平成30年度のメンタルヘルス不調に伴う労災補償は1,820件の請求がされており，支給決定された件数は465件でした(*3)。請求件数は増加の一途をたどっています。例えば，10年前の2008年度と比べて，請求件数が1.9倍（2008年は927件），支給決定件数は1.7倍（同269件）

になっています。

| 図表 1 - 3 | 精神疾患の労災請求と支給決定件数 |

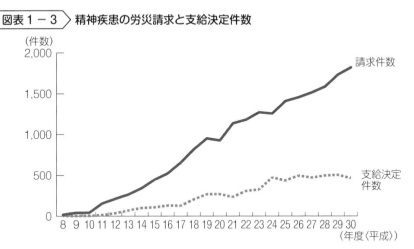

（出所）厚生労働省公表資料をもとに作成

＊1　厚生労働省「『平成30年度個別労働紛争解決制度の施行状況』を公表します」（2019年）
　　　https://www.mhlw.go.jp/stf/houdou/0000213219_00001.html
＊2　独立行政法人労働政策研究・研修機構「個別労働関係紛争処理事案の内容分析Ⅱ―非解雇型雇用終了，メンタルヘルス，配置転換・在籍出向，試用期間及び労働者に対する損害賠償請求事案―」労働政策研究報告書No.133（2011年）
　　　https://www.jil.go.jp/institute/reports/2011/0133.html
＊3　厚生労働省「平成30年度『過労死等の労災補償状況』を公表します」（2019年）
　　　https://www.mhlw.go.jp/stf/newpage_05400.html

1 - 3　メンタルヘルス，過重労働と社会的な潮流

　この項目では簡単に歴史を振り返りながら，社会的な潮流について述べます。

1 - 3 - 1　メンタルヘルス，長時間労働に関する状況

　過労死という言葉は1978年に生まれ，1980年代後半から社会問題として注目され始めました（＊1）。ただ，当時は過労死や過労自殺が労災と認定されることはほとんどありませんでした。

　1999年に旧労働省が，精神障害（死亡に至った場合は過労自殺）の労災認定の判断指針を公表しました（＊2）。その後2000年に恒常的な長時間労働によりうつ病にかかり自殺した労働者の損害賠償請求訴訟に対する最高裁判決で，メンタルヘルスに関する会社責任（安全配慮義務違反）が明確になりました（電通事件・最判平12・3・24民集54巻3号1155頁）。これらのことが大きな転機となりました。

　2006年には自殺防止の観点から自殺対策基本法が成立し，翌年には自殺総合対策大綱が閣議決定されました。

　2008年には労働安全衛生法が改正されました。過重労働対策の1つとして，時間外労働が100時間/月以上の労働者で本人が申し出た場合に，医師による面接指導を会社が行わないといけないようになりました。当初は50人以上の事業場のみが対象でしたが，2010年からは50人未満の事業場でも対象となりました。

　2011年には，メンタルヘルス不調に関する労災認定基準が改訂され，以前より明確になりました（＊3）。

　2014年には，過労死等防止対策推進法が定められ，翌年には過労死等の防止のための対策に関する大綱が閣議決定されました（最新の大綱は2018年）（＊4）。

　2014年には過重労働でうつ病を発症した従業員について，健康状態の不申告（通院している事実や病名など）があることが，会社の安全配慮義務違反の損害賠償を検討する上での過失相殺の余地はほとんどないことが示されました（東芝事件・最判平26・3・24集民246号89頁）。

　2015年にはストレスチェック制度が従業員数50人以上の事業場を対象に始まっており，高ストレスと判断された従業員が申し出た場合には，医師による面接指導を行う必要があります。また，ストレスチェックの集団分析として，職場のストレス度を測り，改善するための取り組みが努力義務となっています。

　セクシュアルハラスメントについては，1999年の男女雇用機会均等法改正で配慮義務が求められ，2007年からは防止措置の義務化がされています。マタニティーハラスメントについては，2017年に男女雇用機会均等法と育児・介護休業法で事業主の防止措置を義務化しています。そして，2019年，職場のハラスメントの強化のため女性活躍・ハラスメント規制法が成立し，パワーハラスメントに対して，より具体的な施策が求められるようになりました。

1 - 3 - 2　仕事との両立を考えるべき事項が増えている

　最近，働く人に対して両立支援という言葉が使われることが多くなっています。しかも内容もさまざまです。

　出産・育児の視点から「仕事と家庭の両立支援」ということもありますし，介護の視点から，「仕事と介護の両立支援」もあります。また，治療しながら就労するという視点から「治療と仕事の両立支援」もあります。産業医の世界では話題になっていますが，今後は高齢者の就労についてもいろいろな課題が出てくるでしょう。

　核家族化・少子化が進み，共働きの世帯が増え，就労人口が高齢化しています。仕事だけをしていれば家庭は何とかなる・何とかしてもらえるという状況ではなくなってきました。「父親が仕事に没頭し，母親が育児や介護をしながら家庭を守る。会社は年功序列型賃金と手厚い退職金制度をもってお金が必要な時期をカバーする」という従来のモデルでは対応できなくなってきているとも言えます。

　また，障害者の雇用についても「障害や傷病治療と仕事の両立支援」という枠組みの中で拡大してきています。当初，国が求める障害者雇用率（民間企業）は，1960年の身体障害者雇用促進法制定の段階では努力目標でした。1976年になると法定雇用率が義務化され1.5%に，1988年には1.6%，1998年には1.8%，2013年には2.0%，2018年からは2.2%になっています。2021年までには2.3%にまで引き上げようとしています。法定雇用率を満たしていない企業から国が徴収する障害者雇用納付金制度があり，不足人員1人当たり月額5万円が必要となっています。なお，2018年の障害者雇用の状況では，実雇用率2.05%，法定雇用率達成企業は45.9%という状況です（＊5）。

　行政は障害者雇用率達成に力を入れています。会社は障害者雇用状況を報告しなければなりません。そのデータをもとに未達企業に対し，公共職業安定所長が障害者雇入れ計画の作成を命令します。行政から段階を踏んだ指導を受けても障害者雇用率の達成が特に遅れている場合には，企業名が公表されることになります。

　企業名が公表されるから障害者雇用が進み，障害者手帳を持っている人にだ

け目が向けられるというのは，本来のあり方ではないとも思いますが，障害者雇用において一定の推進力になっているのも事実です。

とはいえ，今後は少しずつ，雇用しているか否かという議論から，いかに就労継続をしてもらい，どのような仕事をしてもらうかという議論へと焦点が当てられていくのではないかとも思います。

＊1 茅嶋康太郎ほか「過労死等防止対策の歴史とこれから―これまでに蓄積された過重労働と健康障害等との関連性に関する知見」産業医学レビュー29巻3号163～187頁
＊2 厚生労働省「心理的負荷による精神障害等に係る業務上外の判断指針」（平成11年9月14日基発第544号）
＊3 厚生労働省「心理的負荷による精神障害の認定基準について」（平成23年12月26日基発第1226第1号）
＊4 厚生労働省「過労死等の防止のための対策に関する大綱の変更について」（平成30年7月24日基発第0724第1号）
＊5 厚生労働省「平成30年障害者雇用状況の集計結果」（2019年）
https://www.mhlw.go.jp/stf/newpage_04359.html

COLUMN

勤務間インターバル制度

働き方改革の一環として，勤務間インターバル制度という言葉を耳にしたことがあるかもしれません。勤務間インターバル制度とは，仕事の終業から次の始業まで，一定の休息の時間を確保するという考え方です。

一例をあげてみましょう。勤務が9時～18時（労働時間8時間＋昼休憩50分＋途中休憩10分）の会社で残業を4時間しますと退社は22時になります。翌日9時に出てくるとすると，11時間のインターバルがあるという形です。土日はお休みとしてこの生活が1か月続きますと，残業時間が4時間/日×20日＝80時間/月の時間外労働があることになります。つまり，勤務間インターバル制度は残業時間と表裏の関係です。

夜遅くまで仕事をした翌日に疲労や睡眠不足からパフォーマンスがあがらなかった経験を持っている人は多いでしょう。勤務間インターバル制度は，「元気に集中して仕事をするために，必要な休息時間を確保することも大切だ」という考えです。このため労使ともに導入を検討しやすい側面もあるのではと産業医の

立場から考えています。

　実は，EUでは勤務間インターバル制度がルール化（EU労働時間指令2003）されており11時間を守ることが定められています（＊1）。2019年現在，日本で勤務間インターバル制度を導入している会社は3.7％とそれほど多くありませんが（＊2），行政は補助金を支給するなどして制度設計を推奨しています。

　なお，実際に運用する際には，労働時間管理などの運用が煩雑になりがちです。「総論賛成，各論反対」にならぬよう，対象者に管理職を含めるか，残業時間の算出をどのようにするか，トラブル発生時など緊急・早急に対応しないといけない場合の例外規定をどう定めるかなど詳細な検討が必要です。規定の策定に際し，社内では対応が難しいような場合には，マニュアルを活用しつつ（＊3），社会保険労務士や弁護士に相談しながら進めていただければと思います。

　＊1　厚生労働省「EU主要国のインターバル制度について」（2018年）
　　　　https://www.mhlw.go.jp/stf/shingi2/0000200838.html
　＊2　厚生労働省「平成31年就労条件総合調査の概況」（2017年）
　　　　https://www.mhlw.go.jp/toukei/itiran/roudou/jikan/syurou/19/index.html
　＊3　厚生労働省「勤務間インターバル制度導入・運用マニュアルを作成しました」（2020年）
　　　　https://www.mhlw.go.jp/stf/newpage_10566.html

1-4　企業がメンタルヘルス対策を行う必要性

　企業がメンタルヘルス対策を行う必要性を6点に分けたいと思います。

図表1-4　企業がメンタルヘルス対策を行う必要性

1	個人の生産性
2	周囲への影響
3	コスト（人件費）
4	労務リスク
5	企業イメージへの影響
6	取引先・顧客への影響

　まず1点目は個人の生産性の観点です。メンタルヘルス不調になって会社を休んでいる場合には，休職（＊1）という形で労働損失があります（専門的にはアブセンティーズムといいます）。また，仕事をしていた場合でもパフォーマンスが低下しています（プレゼンティーズムといいます）。アメリカのCollins氏が，アメリカのある企業を調査したところ，従業員の9.2%がうつや不安障害といったメンタルヘルス関連の病気にかかっており，4週間の調査期間中に病気によって3.7時間分の欠勤が発生していました（＊2）。また，仕事をしていた場合には36.4%の能力低下を来していたと推定しています。このように休職していても，就労できていても労働力が失われています。

　もちろんこれはメンタルヘルス不調に限った話ではありません。花粉症の時期は集中力も落ちて，仕事のパフォーマンスもすっきりしなかった経験のある人もいるでしょう。花粉症は体質の要素が強く会社で制御できる要素はほとんどありませんが，メンタルヘルス不調は従業員へのメンタルヘルス研修による理解度向上，過度な長時間労働やハラスメントの防止をすることで発生を減少させることはできますので，会社がメンタルヘルス対策をすることで労働力の損失を少なくすることができます。

　2点目は，周囲への影響です。メンタルヘルス不調者が出たからといって，その部署の業務量を減らすことは難しいでしょう。同僚や上司が不調者の分の仕事をカバーしなければなりません。メンタルヘルス不調者が異動する場合であっても代わりの人員をどうするかという課題が生まれます。

　3点目は，コストです。不調者の休職が一定期間続くと，代替人員を確保する必要があります。新たな人員の採用や派遣社員の導入による人件費に加え，教育研修費用なども必要になります。その他，休職中であっても会社は社会保険料を支払わなければなりません。医療費の自己負担分は理解しやすいですが，残りの金額は健康保険が負担しています。こちらもコストとなります。

　4点目は，労務リスクです。第6章にあるように，労災と認定されるような働き方を従業員に強いたり，ハラスメントが発生したり，メンタルヘルス不調者と会社との関係がこじれたりすると，労務リスクに直結します。

　5点目は，企業イメージへの影響です。労働トラブルが表面化すると企業名が表に出てくることがあります。会社が労働法を遵守しない状態であり，悪質

であると行政が判断した場合には，企業名が公表されるようになりました。判例という形で企業名が出ることもあります。また，最近ではSNSや転職のための社員口コミサイトなどの形で社内の状況や社風が，社外の人からも見ることができるようになってきました。社内の情報をSNSなどにあげることを制限する会社も多いと思いますし，インターネットにアップされた情報がすべて信頼できるとも限りませんが，この流れは今後も拡大するでしょう。

　企業イメージは採用にも関連します。経済産業省が就活生とその親に対して，どんな企業に就職したい／させたいと考えているかを調べています(＊3)。「従業員の健康や働き方に配慮している」という項目は，就活生43.8%，就活生の親49.6%がチェックしました。これは選択肢の中でトップであり，他の項目「企業理念・使命に共感できる（就活生38.1%，就活生の親18%）」や，「雇用が安定している（同24.2%，44.5%）」よりも高い数値です。

　6点目は，取引先・顧客への影響です。CSRレポートには安全だけでなく健康面への配慮について記載をする企業が当たり前になってきました。最近ではSDGs（Sustainable Development Goals：持続可能な開発目標）という考え方が徐々に広がってきています。SDGsの全17項目のうち1項目は，「働きがいも経済成長も」というものです。また，労働安全衛生分野のISOとしてISO45001が制定されました。今後はISO9001や14001のように，取引先の条件として認証取得が求められるようになるかもしれません。

＊ 1　菅野和夫『労働法（第12版）』（弘文堂，2019年）457頁では「『休業』とは労働契約上労働義務ある時間について労働をなしえなくなることであり，集団的（一斉）休業たると個々人のみの休業たるとを問わない」と定義しています。
　　　同742頁では「『休職』とは，最大公約数的にいえば，ある従業員について労務に従事させることが不能または不適当な事由が生じた場合に，使用者がその従業員に対し労働契約関係そのものは維持させながら労務への従事を免除することまたは禁止すること」と定義しています。
　　　本書では，私傷病で労務の提供ができず，使用者が労務の提供を免除している場合を休職，それ以外の労務提供ができない状態を休業として，用語を使い分けています。
＊ 2　James J. Collins, et al., The Assessment of Chronic Health Conditions on Work Performance, Absence, and Total Economic Impact for Employers. J Occup Environ Med. 2005;47（6）:547-557
＊ 3　経済産業省「健康経営の推進について」（2018年）

https://www.meti.go.jp/policy/mono_info_service/healthcare/
downloadfiles/180710kenkoukeiei-gaiyou.pdf

COLUMN

心理的安全性

　チームが良いパフォーマンスを上げるために必要なことは何でしょうか。優秀なマネージャー？　優秀なメンバー？　モチベーション？　給料？　過去に多くの研究がされ，研究者がいろいろな主張をしてきました。最近では，心理的安全性という概念が注目されています。

　心理的安全性は，ハーバード大学のEdmondson氏が注目した概念で「チームが対人リスクをとるのに安全な場所であるとの信念がメンバー間で共有された状態」と定義されています(＊1)。「助けを求めたり，間違いを認めたりしても，だれも罰せられないことが保証されている」とも言っています(＊2)。

　Googleが行ったプロジェクトアリストテレスで，すぐれたチームには心理的安全性があることを示し，さらに注目を浴びました(＊3)。また，心理的安全性の研究を取りまとめたFrazier氏の研究では，心理的安全性と情報共有や仕事の成果，満足度などと関係があるとされています(＊4)。

　心理的安全性のある職場では，それぞれの従業員が尊重され，マネージャーとの関係性も良く，おそらくメンタルヘルス不調者も減少するでしょう。理想論に聞こえるかもしれませんが，心理的安全性という概念に一度注目してみてはいかがでしょうか。

＊1　Amy Edmondson. Psychological Safety and Learning Behavior in Work Teams. *Administrative Science Quarterly*, 44 (1999) : 350-383.
＊2　Amy Edmondson. The Competitive Imperative of Learning. *Harvard business review*.
　　　https://hbr.org/2008/07/the-competitive-imperative-of-learning
＊3　Google「『効果的なチームとは何か』を知る」
　　　https://rework.withgoogle.com/jp/guides/understanding-team-effectiveness/steps/introduction/
＊4　今城志保「心理的安全性の要因と効用」(2017年)
　　　https://www.recruit-ms.co.jp/issue/feature/0000000622/

1-5　メンタルヘルス分野は労使対立構造なのか —協業して復帰を目指すという考え

　労働者は「復職できる」と主張し，使用者は「復職できない」と主張することで，労使が対立することがあります。メンタルヘルスの個別事例が対立構造に入ってしまった瞬間です。

　お互いに不幸な出来事ですが，なぜこうなってしまったのでしょう。運が悪かったからでしょうか。それとも対応がまずかったからなのでしょうか。もちろん，事例ごとに原因は違うでしょうし，そもそも原因は1つではないことが多いのですが，そもそも働ける状態まで体調が回復すれば，復職できるわけです。ここでは労使が協業しながら復帰を目指す方法を考えます。

　労働基準法や労働契約法にもあるように，労働者と使用者は対等な立場であることが原則です。使用者は労働者に仕事をしてもらい，売上と利益をあげます。労働者は使用者から依頼された仕事をして給料を得ます。つまりお互いに得るものがあるから雇用契約が続いているわけです。もちろんお給料がもっとほしいなど，いろいろな要望はあるでしょうが。

　病気が理由の欠勤や休職は，労働基準法には定められていませんが，ほとんどの会社で定められています。つまり，法律＋αの部分が定められています。それはなぜでしょうか。

　制度の枠組みとしては，病気で一時的に労働ができない状況になったときに，有給休暇がなくなった時点ですぐに退職となってしまったら，お互いに不幸です。労働者からすると会社から放り出されると，給料が支払われなくなりますので，貯金や社会保障制度（傷病手当金や雇用保険など）を使わない限り生活に事欠きます。一方で，会社からしても仕事ができる人がいなくなるわけで，人材の流出につながります。ですので，休職関係の制度が広く使われているわけです。

　つまり，メンタルヘルス不調だけではなく他の私傷病（詳細は2-2を参照）についての考えの基礎は，

　①　病気で一時的に労働ができない状態である場合，

　②　休業可能期間（有給休暇，病気療養休暇，病気欠勤，病気休職など）の

　　範囲で

③　従業員はしっかりと療養し，

④　会社としても療養を支援し，復職を目指す

⑤　復職したのちは，通常の労働契約に基づいて仕事を行う

ことにつきます。

　とはいえ，これだけでは休職・復職の事案についてうまくいかないこともあります。トラブルになるケースとしてよくあるのが，「復職できる」「復職できない」を感情と感覚でお互いが言い合う形です。この形にならないようにする必要があります。

　ではどう変えるか。これが復職の成功・失敗を分けるポイントになります。

　詳細は第2章にありますが，

①　あなたの（復帰予定の）仕事は，Aで

②　そのためにはBができないといけない

③　現状のあなたの体調はCだから，もう少し回復してほしい

④　Bができる状態になったら復職できるので

⑤　今しているDのトレーニングを続けることができるようになって

⑥　その状態でも体調を崩さずに過ごすことができれば，復職が可能です

という具体的な方法を丁寧に示していくことが必要です。

　「今まで休んでいた本人はその前は仕事していたんだから，本人が仕事できるかどうかなんて，本人が一番よく知っているじゃないか。なぜ，ここまで丁寧に対応しないといけないんだ」というふうに人事担当者や上司が思うのは理解できます。とはいえ，このプロセスはとても大切なのです。

　例をあげてみます。あなたの普段の仕事を思い出してください。部下が作った企画書を見ていますか。それとも予算案を取りまとめていますか。どんな仕事でもいいのですが，あなたのしている仕事をする上で必要な能力は何か，要素に分けて書き出してみてください。いわゆる仕事の洗い出しとか職務分析とかいわれるものです。次に，書き出した要素（例えば，総務部内の月に1回の定例ミーティングの運営をする）をするために必要な能力を書き出してみてください。こちらも書き出せましたでしょうか。

　要素も必要な能力もすぐに書き出せた人は本当にすばらしいと思います。けれども，すらすらと書き出せた人は，それほど多くないのではないかと思います。

　産業医面談でも休職中の従業員に「あなたがお休み前にしていた仕事を詳しく教えてくれませんか」「今の回復状況で，できると思う仕事と，難しいと思うものをあげてみてください」と質問することがあります。そもそも産業医からそんな質問がくるとは思っていなかったのかもしれませんし，メンバーシップ型といわれる日本の雇用慣習も一因なのでしょうが，答えることができる人のほうが少ないのです。

　しかしその状態で復職すると，多くの場合「復職できると思ったから復職したのに，予想以上に大変で頭も体もついていきませんでした。結局，もう一度休んでしまうことになりました」となってしまいます。だからこそ，復職をする前に丁寧に仕事の洗い出しをして，復職したときの懸念を少しでも減らして

図表 1 － 5　メンタルヘルス分野は労使対立構造なのか

協業して復帰を目指すという考え方

おくことが必要になります。

これは逆に言えば，会社は復職できる状態を明確にして関係者と共有しない限り，産業医も誰も適切な判断ができないということでもあります。

他にも労使対立構造にならないための大切なポイントがあります。定期的なコミュニケーションです。お互いに連絡を取らぬままに3か月，半年と時間が経ってしまう場合には，相手のことを想像できなくなってしまいます。当初は欠員が出て大変だった職場も，休職した人がいなくなった状態で回るようになり，居場所がなくなってきます。定期的に連絡することで，人事担当者や上司は，「休職している人の状態を把握し，適切な復職タイミングを考える」ことにつながりますし，従業員は「自分の居場所は自分で確保する」ことにつながります（「Case 5　本人が戻ってきたいといったから戻したのに…」参照）。

1番まずいパターンは，今までほとんど連絡をとらなかったのに，退職2週間〜1か月前に，「復職手続きを今から始めないと，復帰できないよ」という連絡を休職者に入れることです。

こうすると，休職者は「今まで放っておかれた」「無視されていた」「これは退職してほしいと思われているんだ」と受け止めてしまいます。人は他の人から大切にされたいものですので，周りに大切にされていないと感じると怒りを感じます。人を尊重する大前提として，休職者と定期的なコミュニケーションをとりましょう。

1-6　企業のメンタルヘルス対策の現状と課題

読者が関わる企業で，「わが社は全くメンタルヘルス対策を行っていない」というところは少ないのではないでしょうか。

2018年の厚生労働省の統計でも，59.2%の企業がメンタルヘルス対策に取り組んでいると回答しています。事業場規模でいうと，10〜29人の事業場では51.6%と少ないものの，100〜299人の事業場規模では97.7%，300人を超えると99%以上です（＊1）。

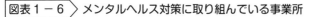

図表1－6　メンタルヘルス対策に取り組んでいる事業所

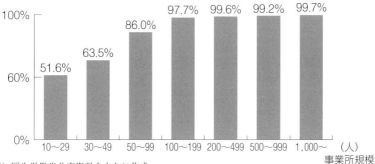

（出所）厚生労働省公表資料をもとに作成

　2013年に発表された厚生労働省の統計では，メンタルヘルス対策に取り組んでいる事業場にその効果があったかを聞いています。驚くことにメンタルヘルス対策に取り組んでいる事業場がこれほど多いのに対して，その効果があったかについては36.9％しか「効果がある・あった」と回答していません。まだ救いがあるのが，残りの大半は「わからない」と回答しており（66.8％），「ない・なかった」は0.5％です。担当者は手探り状態でメンタルヘルス対策を立てているのが実情です。

　ずっと昔は企業の中にメンタルヘルスの病気で休職している従業員がいることは，伏せられる時代がありました。しかし今や昔の話です。産業医が初対面の人事担当者と雑談することになれば，名刺交換の後は，天気の話から始まり，その次は「メンタルヘルスのお仕事は大変でしょう」と聞かれる時代です。実際，2018年の統計では，過去1年間に連続1か月以上休職した労働者の割合は0.4％であり，退職した労働者の割合は0.3％となっています(＊2)。また，日本生産性本部による2012年の調査では，メンタルヘルス対策に期待する内容は，1位が早期発見（86.2％），2位が適切な対応（81.7％），3位が復職支援（71.6％）でした(＊3)。

　皆さんが本書を読んでいる理由にもつながりますが，

①　企業で，メンタルヘルス疾患にかかっている従業員がいるのが当たり前の時代で

② 多くの会社でメンタルヘルス対策にすでに取り組んでいるのに

③ その効果が実感できない

のは良いことではありません。

＊1　厚生労働省「平成30年労働安全衛生調査（実態調査）結果の概況」（2019年）
　　　https://www.mhlw.go.jp/toukei/list/h30-46-50b.html
＊2　厚生労働省「平成24年労働者健康状況調査」（2013年）
　　　https://www.mhlw.go.jp/toukei/list/h24-46-50.html
＊3　公益財団法人日本生産性本部「第6回『メンタルヘルスの取り組み』に関する企業
　　　アンケート調査結果」（2012年）
　　　https://www.jpc-net.jp/research/detail/002773.html

1-7　それぞれの立場から見たメンタルヘルス

　メンタルヘルス不調者をとりまく当事者から時々耳にする声を集めてみました。

　まずは上司の立場から。

・体調が悪いなんて聞いてもいなかった。なんで私に直接相談せずに，いきなり診断書を人事部門に持っていって休み始めるんだ。

・メンタルヘルスの研修を受けたけれども，実際にどう対応すればよいかわからない。

・病気のことだから，医者に任せておくしかない。

・ストレスがかかっていたと聞いたけど，自分だってストレスがたまっている。

・普段通りに接したらいいと言われても，下手なことは言えない。

・自分の何気ない一言が原因で，後から「あいつのせいだ」なんて言われたらかなわない。

・私はもうすぐ異動だから，最低限，その間はトラブルになってほしくない。

　次は人事の立場から。

・メンタルヘルス不調は治るまで時間がかかるし，いつ復帰するかわからない。

・いつ復帰するかわからないと，部署へのフォローの入れようもない。

・休んだ人が異動を希望？　休んだ人が部署を出る代わりに誰をその部署に入

れるんだ？
- 社会保険料は病気で休んでいても会社が半分を支払わないといけないが苦しい。

　主治医の立場から。
- 初回の診察のときはじっくり話を聞く時間がとれるけど，それ以降も同じ時間をかけると経営が成り立たない。
- 病気と治療のことは専門だが，仕事のことまで言われるとよくわからないところがある。
- 本人が「仕事できそうです」といって，体調も整ってきていたら，「復職可能」の診断書を出す。
- 会社内の対人関係のストレスが原因だったら，主治医はなかなか立ち入れない。
- 再発を防止するためには，負荷をかけない方向を推奨するしかない。

　産業医の立場から。
- 本業の診療所が忙しく，産業医に時間をかけるのが難しい。
- 産業医をしているがメンタルヘルス不調は正直なところ得意ではない。
- 面談内容には守秘義務があるので，その結果を人事担当者に伝えづらい。

　このように，メンタルヘルスに関わる当事者が何をどこまですればよいかわからないため，一歩引いている現状があります（産業医については，「コラム　産業医ってどんな人？」，3-6-1(1)も参照ください）。

　「はじめに」にも書きましたが，企業のメンタルヘルス対策が進みづらい理由として，図表1－7があげられます。

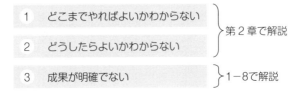

図表1-7　メンタルヘルス対策が進みづらい理由

1	どこまでやればよいかわからない	
2	どうしたらよいかわからない	第2章で解説
3	成果が明確でない	1-8で解説

　「どこまでやればよいのか」，「どうすればよいのか」については第2章で詳しくお伝えします。メンタルヘルス対策を進め成果をあげるためには，仕組みと人の両者が大切です。これは読者の皆さんならすでにご存じでしょうが，仕組みがあっても人が活用しない限りは意味がありませんし，一方で特定の人に依存している状況だと，その人が異動した途端に機能しなくなります。

　メンタルヘルスの病気にかかる従業員はどの部署で発生するか読めませんので，メンタルヘルス対応に手慣れた上司というのはそれほど多くありません。また，メンタルヘルス不調者に対応するために専従に近い形で仕事をされる人事担当者は大企業にしかいません。このため，ノウハウが蓄積されづらいのも現実としてあります。

　このため，メンタルヘルス対応を進めるためには，経験が少ない人であっても使いやすい仕組みを作っていくことが大切です。例えば，書式を使うことで，職場復帰に必要な情報を共有しやすくなります。また，対応に必要な時間も短くなり，漏れも少なくなることから，効率的な対応がとれるようになります。

　時間の経過も考えましょう。ある程度規模の大きい会社になると，当事者の1人である上司や人事担当者は異動することがあります。定期的な異動のある職場であれば，自分が担当の間にトラブルを起こしたくないと考えるのも自然な気持ちとして理解できます。ただそうすると，「Case12　管理職から降格させるべき？」のように短期的には良くても，中長期的には誰にとっても悪い結果を招くこともあります。ですので，「この判断は中長期的にも問題ないか」を意識して復職の判断をすることも必要になりますし，特定の担当者に負荷が

かかりすぎないように復職判定委員会を設置することも有用です（2-9-1参照）。

COLUMN

産業医ってどんな人？

　2019年現在，産業医資格を持っている医師は累積で10万人を超え，5年の更新制度を踏まえると6〜7万人程度が資格を維持しています[＊1, 2]。

　また，過去に日本医師会が詳細調査をしています[＊3]。それによると，産業医資格を持つ医師のうち精神・心療内科を専門とする医師は5.2%，産業医学を専門とする医師は1.1%でした。また，産業医資格を持つ医師のうち，産業医活動に現時点で携わっている医師は62%でした。とはいえ，産業医活動に携わる医師のうち，産業医活動にかける割合が1割未満の人が43.2%という状態です。つまり，「産業医資格を持つ医師は多いものの，産業医活動にかける時間はそれほど多くない。メンタルヘルス問題への対応を期待しても，精神科や心療内科を専門とする医師は少ない」のです。

　それでは，職場のメンタルヘルスの課題は精神科・心療内科の医師しか診られないのでしょうか。産業医資格を取る方法は4つありますが，その代表的な方法である日本医師会認定産業医の資格を取るためには，必ずメンタルヘルス対策の研修を受講しなければなりません。メンタルヘルス不調者との面談は講習を受講したからすぐに実践できるほど簡単なものではないのも事実ですが，一方で産業医が「専門でない，もしくは学んでいないからできない」と発言することが肯定されづらいのです。メンタルヘルス不調者の復職に対しては，産業医が2-6や2-7の内容を丁寧に確認することが重要です。

＊1　日医on-Line「『日医認定産業医』が10万人を突破」（2019年2月20日）
　　　https://www.med.or.jp/nichiionline/article/008418.html
＊2　堀江正知「産業医の現状」日本医師会雑誌148巻7号1278〜1281頁
＊3　日本医師会「産業医活動に対するアンケート調査の結果について」（2015年）
　　　https://www.mhlw.go.jp/file/05-Shingikai-11201000-
　　　Roudoukijunkyoku-Soumuka/0000098557.pdf

1-8　メンタルヘルス対策の成果

　ここではメンタルヘルス対策の成果とは何かについて話を進めます。

　成果，つまり評価をどう行うかですが，①プロセス評価，②パフォーマンス評価，③アウトカム評価の3つを踏まえて考えるとよいでしょう。

図表1-8 ＞ 評価の3つの切り口

プロセス評価
　手順通り活動が行われているか
　（例）メンタルヘルス研修の参加人数
　　　　ストレスチェックの受検率

パフォーマンス評価
　最終目標につながる途中の評価
　（例）メンタルヘルス研修の理解度テストの結果
　　　　ストレスチェックの高ストレス者の割合

アウトカム評価
　活動の最終目標が達成できているかの評価
　（例）メンタルヘルス不調で休業する人の割合
　　　　休業日数の減少

　プロセス評価とは，手順通り活動が行われているかどうかの評価です。メンタルヘルス教育を例にあげると，研修の参加人数があげられます。

　パフォーマンス評価とは，最終目標につながる途中の評価です。教育の受講者満足度評価や理解度テストの結果などがあげられます。ストレスチェックの集団分析結果なども該当します。

　アウトカム評価とは，活動の最終目標が達成できているかの評価です。メンタルヘルス疾患で休職する人の割合や，休職日数の減少などがあげられます。

　会社の利益でも同じですが，評価をアウトカム評価（会社だと当期純利益）だけにおくと，その原因が内部要因（社員の尽力や商品開発力など）なのか外部要因（景気や為替変動など）なのかの判断ができません。また，アウトカム評価として結果が出るまでには年単位の時間がかかります。ですので，アウトカム評価を達成するための指標として，パフォーマンス評価やプロセス評価が

必要になります。

　パフォーマンス評価やプロセス評価を活用するためには，年間計画をつくり，評価することが必要です。これはある程度の規模の会社ならば一般的に行っていることですが，産業保健部門だけ行われていないこともあります。「わが社はメンタルヘルス不調者が多い」と感覚的に思うだけでなく，1年間の発生数や休職日数を確認しその推移を見ること，メンタルヘルス不調者を減少させるために予算を踏まえながら企画を立てる，企画はやりっぱなしにするのではなく評価をすることが成果を出すための第一歩です。

　応用編にはなりますが，会社の活動をより見える形にする手法として，社外の認証制度を活用することも検討できます。具体的には，健康経営優良法人認定制度や労働安全衛生マネジメントシステムの活用です（「コラム　健康経営とISO45001」参照）。

　健康経営優良法人認定制度とは，経済産業省ヘルスケア産業課が進めているもので，優良な健康経営を実践している大企業や中小企業等の法人を顕彰する制度で，1年ごとの認定制となっています（＊1）。

　労働安全衛生マネジメントシステムは，従来はOHSAS18001などの規格がありましたが，品質や環境のように労働安全衛生分野もISO化され，ISO45001が発行されました。労働安全衛生分野での初の国際規格として注目をあびています（＊2，3）。

　こうした社外の認証制度を使うことが推進力につながることも多いのですが，一方で自社の本質的な健康管理のレベルを高めていくという手段としての認証取得のはずが，いつの間にか認証を維持することだけが目的になってしまい，書類の体裁を整えることが本質よりも優先してしまうような副作用も起こりかねません。このため，社内の体制や社風を踏まえながら進めていくことが必要です。

＊1　経済産業省「健康経営有料法人認定制度」
　　　https://www.meti.go.jp/policy/mono_info_service/healthcare/
　　　kenkoukeiei_yuryouhouzin.html
＊2　一般財団法人日本品質保証機構「ISO45001・OHSAS18001」
　　　https://www.jqa.jp/service_list/management/service/ohsas/

＊3　森晃爾編著『産業保健スタッフのためのISO45001—マネジメントシステムで進める産業保健活動』（中央労働災害防止協会，2019年）
（注）健康経営®は，NPO法人健康経営研究会の登録商標です。

COLUMN

健康経営とISO45001

　健康経営とは，企業が従業員の健康を経営戦略の１つに位置づけ，従業員の健康管理のために戦略的に活動をすることを指します。単に健康診断など法的な義務を履行することだけにとどまらず，従業員の活力向上や生産性の向上等の組織の活性化をもたらし，結果的に業績向上や株価向上につながることが期待されています。

　経済産業省は2016年に健康経営を実践する顕彰制度として，健康経営優良法人制度をつくり，企業が審査を通ることで認証を得ることができるようになっています（＊1）。そして，健康経営有料法人に認定された企業は，ハローワークの求人票にロゴを使用することができたり，融資の優遇や公共工事の入札の加点があったりと，実利を伴うようになっています。

　企業の安全衛生の認証という意味では，ISO45001／JISQ45001というものがあります。これは国際標準化機構（ISO）が2018年に策定した労働安全衛生マネジメントシステムの国際規格です。労働安全マネジメントシステムでは，企業がPDCAを回しレベルアップを図ることに加え，内部監査や外部審査を受けることが求められます。ISO45001は海外にも通用する認証制度であることがメリットの１つです。

　健康経営とISO45001は優劣のあるものではありません。社内の従業員の健康を大切に考え，それを担保・レベルアップする手段として，認証を取る方法が良いのかどうか，取るならばどの認証が会社として最適かを考えていただければと思います。

＊1　経済産業省「健康経営の推進」
https://www.meti.go.jp/policy/mono_info_service/healthcare/kenko_keiei.html

第2章

復職支援の実際
―休復職対応の基本

2-1　知っておきたいメンタルヘルスの通達など

　ここでは行政がどのようにメンタルヘルス対策を進めているかを知るために，主要な通達や指針などを紹介します。概要を把握することが目的ですので，詳細は原本を確認してください。

2-1-1　労働者の心の健康の保持増進のための指針

　通称「メンタルヘルス指針」といわれています。2006年3月に制定され，何度か改正されています。最新版は2015年11月のものです（＊1）。

　法律との関係でいえば，労働安全衛生法69条1項で，会社は労働者の健康の保持増進を図るために必要な措置を講ずるように努めなければならないとされており，それを受ける形で70条の2として，行政が原則的な実施方法を示しています。

　ポイントは，
- 1次予防～3次予防までを円滑に行う必要があること
  1次予防：メンタルヘルス不調者が発生しないようにする
  2次予防：メンタルヘルス不調者を早期に見つけて，対処する
  3次予防：1度不調になった従業員を支援し，再発・悪化を防止する
- 心の健康づくり計画を立てること
- 衛生委員会を活用し，従業員の意見を聞きながら会社の実態に合った形での取組みを行うこと
- 心の健康づくり計画をもとに4つのケアを進めること
  （4つのケアとは，セルフケア，ラインケア，事業場内産業保健スタッフ等によるケア，事業場外資源によるケアを指します）
　です。

　また，それに加えて，個人情報保護や不利益取扱いの禁止，小規模事業場におけるメンタルヘルスケアの留意事項が示されています。

2-1-2　心の健康問題により休業した労働者の職場復帰支援の手引き

　2004年10月に制定され2012年7月に改訂されています（＊2）。

　職場復帰を5つのステップに分けて解説しています。本章では，この手引きを基本としつつ，具体的にどう対応すればよいかを解説しています。

2-1-3　労災認定基準

　メンタルヘルス疾患の労災認定基準は，1999年に指針ができました。その後，増え続ける労災請求件数と認定の迅速化を図るため，2011年に労災認定基準が改訂され，今に至っています（＊3）。

　認定要件は，

- メンタルヘルス疾患を発病していること
- 発病前おおむね6か月の間に，業務による強い心理的負荷が認められること
- 業務以外の心理的負荷や個体側要因により発病したとは認められないこと

の3点です。

　2点目の「業務による強い心理的負荷」について詳しく説明します。強い心理的負荷に該当するとは，「特別な出来事」があるか，「特別な出来事以外」でも心理的負荷が「強」の場合を指します（図表2-1）。

　例をあげると，「特別な出来事」は「発病直前の1か月におおむね160時間を超えるような時間外労働を行った」や，「生死にかかわるような業務上の病気やケガをした／させた」などがあります。「特別な出来事以外」で「強」に該当する例として，「発病直前の連続した3か月間に，1月当たりおおむね100時間以上の時間外労働を行い，その業務内容が通常その程度の労働時間を要するものであった」「2週間（12日）以上にわたって連続勤務を行い，その間，連日，深夜時間帯に及ぶ時間外労働を行った」「ひどい嫌がらせ，いじめ，又は暴行を受けた」「退職の意思のないことを表明しているにもかかわらず，執拗に退職を求められた」「客観的に，相当な努力があっても達成困難なノルマが課され，達成できない場合には重いペナルティがあると予告された」「業務に関連し，重大な違法行為を命じられ，何度もそれに従った」などが該当します。また，

相互に関連しない「中」程度の複数の出来事があった場合，全体として「強」
と評価されることもあります。

　この労災認定基準は，2-2-1とも関連する重要な内容です。

図表2－1 〉労災認定のフローチャート

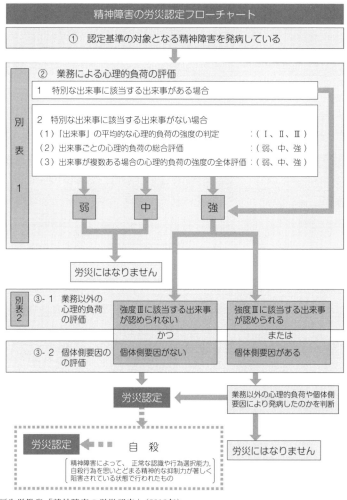

（出所）厚生労働省「精神障害の労災認定」（2018年）

＊1　厚生労働省「労働者の心の健康の保持増進のための指針」（平成27年11月30日健康保持増進のための指針公示第6号）
＊2　厚生労働省「心の健康問題により休業した労働者の職場復帰支援の手引き」（2012年）
https://www.mhlw.go.jp/stf/seisakunitsuite/bunya/0000055195_00005.html
＊3　厚生労働省「心理的負荷による精神障害の認定基準について」（平成23年12月26日基発1226第1号）

COLUMN

メンタルヘルス不調者が発生しにくい職場づくり

　メンタルヘルス対策は，1次～3次予防に分かれます（2-1参照）が，最近は0次予防という言葉も出ています。メンタルヘルス不調者が発生しないようにするだけではなく，生き生きとした働きやすい職場を作ることを目指す取り組みです。これは単に業務量が少なく，従業員が馴れ合っている職場を指すのではありません。会社の目標に向かって従業員が一丸となって進む。そして従業員が力を発揮できるよう，会社は個々の従業員を尊重・支援するという方向性です。

　0次～1次予防のキーワードとして，ストレスチェック制度（「コラム　ストレスチェックを活用していますか」参照）に加え，ワークエンゲージメント（仕事に積極的に向かい活力を得ている状態。従来のストレスチェック項目を拡大した新職業性ストレス簡易調査票で測定可能），心理的安全性（「コラム　心理的安全性」参照）などが重要であると提唱されてきています。また，組織をより良くするための実践手法として，組織開発（OD：organization development）の文脈から，アプリシエイティブ・インクワイアリー（AI：Appreciative Inquiry）などの考えや方法も注目されるようになっています。

　本書は主に2次～3次予防に加え，紛争防止や紛争発生時の対応について書いていますが，これは社内でまず2次～3次予防を確実にし，その後1次予防に取り組むことが重要だと考えるからです。2次～3次予防に目を向けず，メンタルヘルス不調者が発生しない職場づくり（1次予防）だけを実施しようとする会社では，職場の理解不足から（本来は以前から不調があったにもかかわらず）メンタルヘルス不調者が休み始めるまで不調に気づかない事態や，不調を個人にのみ責を負わせる事態が多発します。会社の実情に応じた対策をとることが重要です。

2-2　メンタルヘルス対応を行う上で大切な　キーワード

　まず，ここではメンタルヘルス対応を行う上で大切なキーワードを説明します。この後で説明する復職支援の実際でも，キーワードが繰り返し出てきますので疑問が出たら，振り返ってみてください。

2-2-1　疾病性，事例性，作業関連性

　疾病性とは，いま病気があるか（現病歴）や過去に病気になっていたか（既往歴）のことで，具体的な病名を主とする概念です。病名ですので，医師（主治医）が診断します。会社は診断書の病名として把握することになるでしょう。メンタルヘルス不調の場合には，うつ病，躁うつ病，適応障害，神経症，自律神経失調症，統合失調症，発達障害，人格障害などがあります。

　時に抑うつ状態など「○○状態」という形で診断書が発行されることがあります。これは状態像診断といって，本来は病名を確定させるまでの間につけられる診断です。精神科の病気は検査をすることで病名がつくものは少なく，時間の経過とともに状態が代わる場合があるためです。とはいえ，当人や周りが受けるイメージは「うつ状態」と「うつ病」とを比較すると，「うつ状態」のほうがやわらかい感じがあります。このため，便宜上病名が確定した後も「うつ状態」として当人に説明を続け，診断書上も「うつ状態」として記載が続くこともあります。近年はDSM分類（アメリカ精神医学会が作成）やICD分類（WHOが作成）といった国際的に広く使われている診断基準をもとに診断することも多くなっています。

　事例性とは，本人もしくは周囲が困っていることを指します。例えば，仕事では遅刻・欠勤，業務のパフォーマンスの低下，業務上のミスの発生，周囲とのトラブルなどが当てはまります。メンタルヘルス不調でも体に不調が出ることがあり，人によっては，頭痛がする，よく体調を崩す，下痢をするなどの体の症状が前面に出ることもあります。「Case 2　病院に行かない」で詳しく説明しますが，会社でメンタルヘルス不調になった従業員と会話する際に大切なのは，疾病性で話をするのではなく事例性に注目することです。

　作業関連性とは，病気（つまり　疾病性）が仕事と関係しているかという視点です。メンタルヘルス不調になるきっかけとなった出来事は，仕事のこともあれば，プライベートのこともあり，人によってさまざまです。また，必ずしも１つの出来事が原因となったわけではなく，いろいろな出来事の積み重ねが理由となることもあります。ここでは，仕事とどの程度関係しているかという意味合いで使います。

　実際に労働災害（労災）として認定されるか否かは，行政が発行している労災認定基準（２-１-３参照）（＊１）をもとに労働基準監督署が判断しますし，その決定に不服がある場合には裁判に持ち越されることとなります(行政訴訟)。

　最終的に労災と認定された場合には，労働基準法19条にあるように休業中およびその後30日間の労働者を解雇できません。このため会社として労災と認定されるリスクがどの程度あるのか把握しておくことが望ましいでしょう。過去の労災認定統計(＊２)を踏まえると，特に件数が多いのは，仕事内容・仕事量の大きな変化，１か月に80時間以上の長時間労働，パワーハラスメント，セクシュアルハラスメント，事故や災害の体験・もしくは行為者になったものがあります。なお，自殺（自死）の取扱いは別途通達が出ていますので注意してください（＊３）。

　私傷病は，労災傷病（労働災害による怪我や病気）と対になる表現で，個人が誘因となった怪我や病気のことを指します。

２-２-２　治療の３本柱

　メンタルヘルスの病気の治療は，大きく３つに分けられます。

　１つ目は休養です。メンタルヘルスの病気が悪くなった状態は，よく心のエネルギーのタンクが空に近い状態になったとたとえられます。病気ではない人でも調子が良いときもあれば悪いときもありますが，だいたい80～100%のあたりで揺れ動いているというイメージでしょうか。一方で，うつ病をはじめとする病気の状態は，10%とか30%ぐらいまで落ち込んでいる状態です。車でいえば燃料の警告灯が点いている状況でしょう。この状態を回復するためには，まずは休養が必要です。

　病気ではない人は，それぞれ持っている趣味やリラックス方法でストレスを

解消すると思います。ところが，病気の状態にまで入ってしまった人は，興味・意欲がなくなってしまいます。これも病気の1症状で，気晴らしをするだけのエネルギーもない状況になります。もし気晴らしとなる行動をとったとしても楽しむことができず，かえってエネルギータンクが空になってしまいます。ですので，まずは休養することで，心のエネルギーのタンクの残量を増やすようにする必要があります。エネルギータンクが少なくなっている状態，つまり病気のレベルになっている場合には，周囲の人は気晴らしを勧めないほうがよいでしょう。

　2つ目は，薬物療法です。精神科・心療内科で使用する薬は，多くの種類があります。抗精神病薬，抗うつ薬，双極性障害治療薬，抗不安薬，睡眠薬などに分類されていますし，それぞれがさらに細かく分けられます。精神科や心療内科で使用する薬の詳細については，成書を参考にしていただければと思います。読者がざっくりと知っておくとよい点として，薬を飲み始めたらすぐに効くものばかりではないということです。

　例えば，痛み止めは飲んだら数十分で効き始めますし，眠りを助けるタイプの薬は比較的早い時期に効果が出ます。一方で，うつ病でよく使用されるSSRIやSNRI，そして以前はよく使われた三環系の抗うつ剤といった薬は効果が出始めるまでに1〜2週間程度かかり，十分に効果が出るまでに4〜6週間程度かかることがあります。

　その一方で，副作用は飲み始めた直後から出ることがあります。このため治療を開始した本人は悪くなったのではないかと不安に感じ，その結果，自己判断で治療を中断してしまうこともあります。許容できる範囲の副作用なのかどうか，実際に効果が出始めているのかどうかは，医師の診察を受けないと判断しづらいものです。気がかりなときは診察を前倒しにしてもらうなどして，早めに主治医に相談しましょう。

　3つ目は，精神療法です。主治医や心理職が行います。人によってはカウンセリングという言葉のほうがしっくりくるかもしれません。技法としては，積極的傾聴法や認知行動療法，対人関係療法，マインドフルネス認知療法，曝露・反応妨害法，動機づけ面接など多種多様なものがあります。

　この分野に関連する心理職としては，公認心理師や臨床心理士，産業カウン

セラーが代表的で，他に心理相談員などもあります。従来，心理職は民間資格だけでしたが，国家資格として公認心理師が2018年に誕生しました。今後の活躍が期待されます。

　精神療法の効果はいろいろと研究・実証されています。例えば，うつ病の人に対して心理療法を行うことの効果が実証され，日本うつ病学会の治療ガイドラインでも認知行動療法をはじめとした心理療法について言及されています(*4)。Saskia氏による過去の研究によると，薬物療法と心理療法とを比較した場合，効果に優劣はないことがわかっていますが，心理療法のほうが中断しづらく，再発しづらいとされています。ただし，この研究には重症者が含まれていません(*5)。また日本とは保険医療制度が異なることもあるので，そのまま日本で適応できるかという課題もあります。うつ病学会の治療ガイドラインでも中等度以上のうつ病に対して精神療法単独での治療は推奨されていません。

　薬物療法のみで治療した場合と，薬物療法と認知療法を併用した場合とを比較し，併用したほうがうつ病の再発率が少なくなっているというEugene氏の研究もあります(*6)。このため，現時点での考えとしては，できるだけ両者を活用することが望ましいのではないでしょうか。

2-2-3　メンタルヘルスの病気の回復のプロセス

　メンタルヘルスの病気の回復過程について，ここではうつ病を例に説明します。

　図表2-2を見てください。体調が落ち込んだ後，療養や治療をすることで徐々に回復します。大切なポイントが3つあります。

　1つ目は，体調が悪くなっていることを早く見つけることができれば，悪化を防ぐことができます。その結果，体調が回復するまでの時間も短くなります。

　2つ目は，体調不良は波があります。この波がくせもので，「今日はちょっと体調が良い」と本人が思っても，翌日に悪くなったりします。このため，本人は気分の落ち込みとともに，「本当に良くなるのか」といった不安がつきまといます。

　3つ目は，体調の回復は後から振り返ることで気づくことができます。昨日よりも今日のほうが体調が良くない場合がありますが，「そういえば2か月前

よりも今のほうが少しはマシになっている。2か月前は横になっている時間がずいぶんと長かったなぁ」という気づき方をします。

図表2-2 メンタルヘルスの病気の回復過程（うつ病を例に）

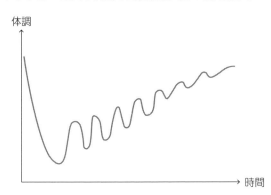

再発についてお伝えします。以前は，うつ病は「心の風邪」といわれていましたが，風邪ほど軽いものではないのが現実です。うつ病をはじめとするメンタルヘルスの病気は繰り返すことがあります。しかも，繰り返すごとに状態が悪くなっていきます。過去の研究では，Mueller氏はうつ病の人を15年間追跡し，再発率が85％であると示しています（＊7）。Kessing氏は，うつ病でも躁うつ病でも再発率が病気を繰り返すごとに病気が重くなったり，再発しやすくなったりしたことを示しています（＊8，9）。

このため，病気と今までの経過によっては，体調が良くても治療を終了せずに，継続的に通院や内服をするよう主治医から指導される場合もあります。職場で病気・休業を繰り返した場合の状態については，「Case16　休職を繰り返す」を参考にしてください。

このような理由から病気の再発を防止するためには，

① 初回で確実に治療をして良くなった状況で復職すること

② 病気になった原因を振り返ること

③ 病気になった原因をもとに，再発を防止するための対策を考え，実行すること

④　体調が悪くなるサインに自ら気づき，悪くなる前に対処すること
がとても大切です。

2-2-4　病状の4ステップ─骨折を例に

　2-2-3では病気の回復経過を図にしましたが，ここではメンタルヘルスの
病気になった人の回復を4ステップに分けて説明します。また，理解しやすく
するためにメンタルヘルス不調を足の骨折した状態にたとえて説明します。

　なお，各ステップでの療養の注意点も併せて記載しています。現実的には，
人事担当者など医療従事者でない人が具体的な療養の注意点を指導することは
難しいと思いますが，参考にはなろうかと思います。

　まず第1ステップは，動けない段階です。これは骨折でいうとベッドで寝る
しかなく，ベッドの上で足を吊っているイメージです。病状が重く，日常生活
もままならない状態で，入浴や髭そりなど身だしなみを整えることや外出が難
しい状況です。とても仕事ができる状態ではありません。なお，重症でない人
は第1ステップに当てはまらない場合もあります。

　この時期の重要なポイントは，睡眠時間を確保し休養をとることです。
2-2-2で，メンタルヘルス不調の状態になっている人に対して気晴らしは無
効で，休養が必要とお伝えしましたが，この時期のことです。また，この時期
は体内時計がみだれやすく，夜は眠れない一方で，昼は睡眠不足からウトウト
しやすいことから，昼夜逆転しやすいのも特徴です。

　朝はゆっくり眠っていてもいいですが，昼寝はできるだけ避けるように説明
しています。また，少量でもいいので3食きちんと食べることや，午前のうち
に日の光を浴びることで体内時計の機能を回復させるようにも説明します。

　第2ステップは，日常生活を送ることが可能な段階です。骨折でいうと車い
すのイメージです。日常生活はおおむね問題なく過ごすことができるようにな
ります。顔色が良くなってきて，身だしなみもおおむね良好になり，ご本人の
笑顔を見ることができます。

　一方で，ストレスとなった原因について考えると顔色が曇ります。例えば，
仕事がストレスとなった人の場合，会社に来ようとすると気持ちが落ち込む，
前日は眠れない，下痢をするといった状態になることがあります。ストレスが

かかる状況で調子を崩しやすい状態です。詳細は2-5でお伝えしますが，この時期に急いで職場復帰をすると，あまり良い結果を生みません。次のステップまで体調を回復し，丁寧に状況を回復することが重要です。

この時期のポイントは，生活リズムを確実に安定させることと，活動性を高めることです。第1ステップでは睡眠時間が長くても問題ないのですが，このステップでは会社に行くときと同じぐらいの時間に起床し，朝食を食べることを目標とします。昼寝をゼロにする取り組みも大切です。ただし，寝始める時間は通常よりも早くてもかまいません。日中は活動性を高め徐々にできる範囲を広くすることが重要です。家族と同居している場合には，家事を積極的に引き受けることを勧めています。一方で，頑張りすぎてしまう人もいますので，何らかの活動をした後にグッタリしていないかを確認します。その時々の体調や疲労度に応じて，体を動かすことと体を休ませることを自身で決めることが重要な時期です。

第3ステップは，復職を検討する段階です。骨折でいうと松葉づえのイメージです。日常生活には全く問題なくなり，仕事のことを考えても調子を崩すこともなくなりますので，仕事のことを話題に出すことができます。

ただ，これで体調が万全というわけではありません。あくまでご自身で調整のきく範囲の負荷ならば調子を崩さずに済むという状態です。この時期に自身で対処できない程度のストレスがかかると，一気に調子を崩します。ですので，復職のタイミングと負荷に注意が必要です。

この時期の重要なポイントは，生活リズムを完全に就業していたときと同じ状態にすること，復職に必要な状態に近づけること，再発防止策を考えることです。詳細は2-6でお伝えします。

第4ステップは復職の段階で，実際に仕事をしても体調を崩さない状態です。骨折でいうと松葉づえが取れて自分の足で歩くことができる段階といえます。自分の中だけでは調整がきかない負荷であっても，ご自身できちんと関係者と相談することや，自身の体調管理で体調を崩さずに業務を続けることができます。

図表2-3　病状の4ステップ（骨折を例に）

第1ステップ
動けない段階

第2ステップ
日常生活可能な段階

第3ステップ
復職を検討する段階

第4ステップ
復職の段階

　療養のポイントがいくつかあります。1つ目は，その時々で適切な療養の仕方が変わることです。第1ステップでは休養を中心としますが，第2ステップでは生活リズムの安定化と活動性を高めること，第3ステップでは，負荷を徐々に高めていき仕事に近い姿を目指すことが必要です。足を骨折した人が車いすに乗り続けていても足の筋力は回復せず，徐々に足に負荷をかけることが大切なのと同じと考えてください。

　2つ目は，適切とは言いづらい療養に向かっていないかという点です。精神科・心療内科への通院・内服を自己判断で中断していないか，生活習慣病などの持病の治療を中断していないか，アルコールやギャンブルに引き寄せられていないかという点も重要です。旅行したいと言う人がいます。旅行が医学的に病状の回復に良い方向に働くのか否かはわかりませんが，適切な療養環境を維持できない場所（特に海外旅行）に行くことは避けるべきと考えます（「Case 3 休職中に海外へ」参照）。

2-2-5　適切な療養期間とは

　個別のメンタルヘルス不調者について，「いつごろ復職できそうか」というのは，主治医や産業医であってもなかなか予測ができません。しかし，過去の

調査では,「どのぐらいの期間療養すれば,不調者が復職できたのか」というデータがあります（＊10）。

　日本の複数の民間企業の休職データをもとにした調査ですが，連続30日以上の病気のため会社を休職した人を最大18か月追跡して，復職率を調べています。その結果，3か月の時点までに復帰した方は35%，6か月だと58%，12か月だと71%，18カ月だと75%でした。

図表2－4 メンタルヘルス不調者の復職率

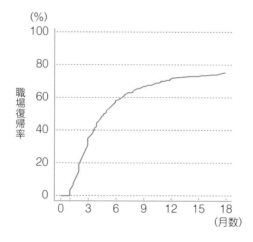

（出所）西浦千尋ほか「民間企業における長期疾病休業の発生率，復職率，退職率の記述疫学研究：J-ECOHスタディ」）

　なお，退職率は，3か月で3%，6か月で7%，12か月で11%，18か月で12%でした。

　なお，この調査は製造業主体で規模の大きい会社が主体ですので，休職可能期間が長く，それなりにメンタルヘルス対策も整備されているようです。体制整備が進めば，メンタルヘルス不調者は半年で6割，1年で7割が職場復帰できると覚えておくとよいでしょう。

　一方で，「ウチはそんなに長く休めるような制度なんてないよ」と思われる読者もおられるでしょう。過去の調査では，病気休職の休職期間が調べられています（＊11）。そこでは1年未満が42.9%，1〜2年未満が29.5%，2年以上が

19.0%となっています（引用元には企業規模や職種別のデータもあります）。

　休職可能期間を長くするほど，「本来復帰できる人が復帰できる」ようになる一方で，代替人員の確保や社会保険料の負担感が強くなります。短いとその逆です。休業可能期間は就業規則に定めるべきものですし，人によって大きな差をつけることはトラブルのもとです（「Case29　前の人にはしてくれたのに私にはなぜ配慮がないの」参照）。先ほど述べた調査を踏まえると，体制を整えたうえで1年程度の休業期間があると，その後の復帰率のペースはゆるやかになります。ですので，会社規模や社風を踏まえることにはなりますが，休業可能期間を1年に設定しつつ，入社年次によって休業可能期間を調整するというのは順当ではないかと思います。

2-2-6　会社規模に応じた産業保健チーム，連携方法，チーム内守秘

(1)　会社規模に応じた産業保健チーム

　会社や事業場の規模が大きくなるにつれて，健康管理に必要な工数も増えます。このため健康管理に関係するスタッフや専門職も変わってきます。

　50人を下回る事業場の場合は，健康管理の担当者として医師もしくは保健師の選任が努力義務です（労働安全衛生法13条の2）。多くの事業場では，総務担当者が健康診断の取りまとめなども行っているでしょう。なお，10人以上50人未満の事業場の場合，衛生推進者（もしくは安全衛生推進者。いずれも講習修了が必要）を選任することになります。

　50人以上の事業場では，産業医や衛生管理者の選任が必要となり，衛生委員会を開催する必要が出てきます（同法13条・12条・18条）。運用上は，定期的に産業医が訪問し，健康診断の確認，健診結果不良者への面談，衛生委員会の参加，職場巡視をしつつ，長時間労働者やストレスチェックの高ストレス者への面接指導を行う形となっているでしょう。特定保健指導など一部の健康管理に保健師が関与することもあります。

　100人以上の規模の会社になると，産業看護職（看護師，もしくは保健師）が，雇用や業務委託という形で企業の健康管理に加わることがあります。さらに規模が大きくなると，常勤の看護職が健康管理室に在籍し，健康管理について主

体的な役割を担うことになりますし，心理職を活用している企業も出てきます。

(2) 連携方法

　読者の皆さんが所属する会社では，産業保健チームの所属・主管はどちらでしょうか。多くは総務・人事系の部署でしょうが，規模の大きい製造業などでは安全衛生部門に属している場合もあります。メンタルヘルス不調者などは総務・人事部門との連携が必要になりますし，有害業務がある場合には安全衛生部門との連携が必要になるので，部署の壁を感じないような連携が大切です。

　会社規模が大きくなり，健康管理室の設置など産業保健チームが独立した形になっても，メンタルヘルス対策や不調者の対応において総務・人事部門との連携は重要です。極端な例ですが，人事担当者が産業医に「この人が働けるかどうか面談してください」とだけ言って，すぐに自席に戻ることがありますが，これでは現実に即した判断はできません。

　産業保健チームは，あくまで医学や看護学，心理学の視点から不調者を診ることができる人です。人事評価や人事異動をする部署でないため，比較的従業員の本音を引き出しやすい立場にいますが，その視点や立場だけでは総合判断は困難です。総務・人事部門の労務管理の視点や，不調者の所属する部門の働く場からの視点を総合することで不調者の全体像が見え，産業保健チームとしても適切な判断ができます。

　不調者の個別対応の連携が整ってきているならば，次のステップとして不調者のリスト化をし，それをもとに定例のミーティングをすることをお勧めします。今どの部署に休職者がいるか，就業制限や配慮が必要な人がいるか，休職期間満了日はいつかを共有し，対応の漏れを防ぐことができます。

(3) チーム内守秘

　チーム内守秘というのは，産業医や産業看護職を1つのチームと考え，チーム員の誰が受けた相談であっても，チーム全員が内容を把握し共有するという考えです。これにより1人では解決が難しい事態であっても，事業場のスタイルにあった打開策が見つかるかもしれませんし，チームのメンバーが休みを取った場合でも対応が途切れることがありません。

　チーム内守秘については，行政から発行されている手引きなどには明記され
ていませんが，従業員の健康情報管理規定に盛り込んでおくと根拠がより明確
になります（第 7 章参照）。

COLUMN

産業医のより良い活用方法

　産業医の格言として「まず難解事例の相談から始まる」と教えられました。「部
署内・人事内で対応できるものは，産業医にまで相談が来ない。部署や人事で手
に負えない出来事になって，ダメもとで産業医のところにはじめて相談がくる」
という意味です。もちろん悲観的な意味合いだけでなく，「産業医は相談を受け
る中で会社から信頼を得ていく必要があり，信頼を得ることができれば早い時期
から相談が来るようになる」というのも大切なポイントです。

　とはいえ，タイミングが遅い相談では取りうる選択肢も少なくなります。
2-2-6でお伝えしたように社内の不調者を一覧にし，定期的に産業医と人事
担当者間でミーティングをすることをお勧めします。そうすることで，お互いの
考え方や期待値が見えやすくなり，連携が取りやすくなるでしょう。

　産業医には 3 つ機能が求められると筆者は考えています。プレイヤー機能と
マネージャー機能，そしてコーディネート機能です（＊ 1）。プレイヤー機能とは，
その名の通り面談や，職場巡視，教育など産業医自身が体を使う業務です。マ
ネージャー機能とは，社内で産業保健の全体像を作り運営する機能です。法改正
への対応，社内制度の立案などが含まれます。コーディネート機能とは，社内で
不足する要素を社外リソースで補う場合に両者をつなぐ役割です。医学は個と集
団を対象にした学問ですので，マネージャー機能やコーディネート機能も必要で
す。ただ，嘱託産業医の大半は日常診療において個別対応を中心としていますの
で，プレイヤー機能以外の業務を不得手とすることが多いのも事実です。

　まずは，従業員との面談を確実に行ってもらい，職場巡視や安全衛生委員会の
活動の中で会社を理解しもらう。安全衛生委員会の中で教育面も考えるといった
プレイヤー機能から始めてもらうのがよいのではないでしょうか。

　＊ 1　森本英樹「Point of View　（第94回）人事担当者に知ってほしい，産業医と
　　　　の上手な付き合い方」労政時報の人事ポータルjin-Jour（2017年）
　　　　https://www.rosei.jp/jinjour/article.php?entry_no=71085

2-2-7　主治医との良好な関係づくり

　主治医とはどのような存在でしょう。

　病院やクリニックに来た人を治療する役割を担っています。法的には患者と主治医とは治療契約を結んでいることになります。医師には刑法134条で守秘義務が定められています。つまり，主治医は患者を治療することが役目であり，その人の医療情報をみだりに開示できない立場にあります。また，医師は医学的に適正である範囲で，受診者の不利益になるような行為は避けます。このため，虚偽記載でない範囲で診断書の表現が緩和されていたり，すべてを記載していないこともあります。

　病院との連携は簡潔にでもよいので早めにコンタクトをしておくことが望ましいでしょう。また，復職の際など節目では報告を入れておくことも推奨します。産業医や産業看護職がいる場合には紹介状などの形で，産業医の存在を把握してもらっておきます。産業医や産業看護職が不在の場合には，人事担当者が病院受診時に同席するなどの方法もあります。なお，同席時の報酬については，保険診療上の定めがありませんので，随時相談することになります。当然ですが，名刺を渡し，会社でのご自身の立場を説明すること，会社の復職支援や休職制度を伝えることができるようにしておいてください。

　最悪の事態を引き起こすのは，休職期間満了直前までご本人と会社とのコミュニケーションが乏しく，休職期間満了直前になって会社の担当者が主治医と会いたいという状態です。このような状態になるまで放置しているとなると，本人は復帰しないと生計が成り立ちませんから「元気です」と主張するしかなく，本当の状態や本音を話すことは難しくなります。そして主治医にとっても，今まで全く接点がなかった会社の関係者が休職期間満了直前になって病院に現れたとなると，「この人をクビにするための根拠を見つけるために会社の人間が病院にまで来た」と警戒されてもいたし方ありません。

　主治医と対立関係になりやすい事象としては，他にもこのようなものがあります（「Case15　主治医に問い合わせできない」参照）。

- 本人の意向を無視して，主治医と連携しようとする

- 主治医の発言を本人の不利益になる行為の根拠として利用する
- 病気の原因をすべて本人に押しつける
  （例 ハラスメントがあったにもかかわらず，本人が打たれ弱いせいにしたい）
- 処方内容など治療に口出しをする
  （例「薬に頼っていたら治らないぞ」「良くならないんだったら病院を変えたらどうだ」などの発言）
- 従業員と会社との間で対立がすでに起こっている
- 現実的でない要求・要望をする
  （例「業務遂行能力が100％回復していないのであれば，復職させない」「再発が絶対に起こらないようにしてもらいたい」などの発言）

　なお，医師法19条2項として，診断書の交付義務があります。患者から求められた診断書は正当な理由がない限りは拒否できません。法律に定められているからという切り口で診断書の発行を求めるのは推奨できませんが，参考にされてください。

2-2-8　二重関係，多重関係

　二重関係という言葉をご存じでしょうか。少々難しい概念ですが大事ですので説明します。

　二重関係とは心理分野で使われる言葉で，相談者と相談を受ける側の役割が複数存在する状態を示します。「Case24　あの人パワハラするんです」が具体的な事例になります。例えば，企業の産業看護職としての役割とハラスメント窓口の担当者という両方の役割を1人の人が担う状態です。二重関係にあると，本来の役割を適切に果たすことが難しくなります。

　企業の産業保健職としては，本人の状況や意向を踏まえつつ状態の安定に向けて最善を考える役割があります。その中で，ハラスメントの相談窓口に相談しない選択もあるでしょう。一方でハラスメントの相談窓口の一員としては，相談を受けた時点でハラスメント対応の責任者に報告義務が発生しているかもしれません。つまり，役割に応じて取るべき行動が異なってしまいます。

　二重関係は極力避けるべきですが，現実的にはすべての二重関係を避けるこ

とは難しいともいえます。二重関係に入ってしまったと気づいた場合には，早めに相談してくれた人にその旨を伝えることをお勧めします。例えば「私はハラスメントの相談窓口の一員でもあり，ハラスメントの相談窓口としての役割をあなたが期待するのであれば，責任者に事態を報告しないといけない。そうすると，今の話を伏せることができなくなる。一方で，保健師として対応をするならばあなたのご意向を踏まえながら，どうするか一緒に考えることができる。私はどちらの立場で話を伺いましょうか」といった感じでしょうか。

＊1　厚生労働省「心理的負荷による精神障害の認定基準について」（平成23年12月26日基発1226第1号）

＊2　厚生労働省「平成30年度『過労死等の労災補償状況』を公表します」（2019年）
https://www.mhlw.go.jp/stf/newpage_05400.html

＊3　厚生労働省「精神障害による自殺の取扱いについて」（平成11年9月14日基発第545号）

＊4　日本うつ病学会「日本うつ病学会治療ガイドラインⅡ　うつ病（DSM 5）/ 大うつ病性 障害 2016」（2016年）
https://www.secretariat.ne.jp/jsmd/iinkai/katsudou/data/20190724.pdf

＊5　Saskia De Maat , Jack Dekker , Robert Schoevers & Frans De Jonghe. Relative efficacy of psychotherapy and pharmacotherapy in the treatment of depression: A meta-analysis. *Psychotherapy Research*. 16（5）566-578　2006.

＊6　Eugene S. Paykel, MD, FRCP, FRCPsych. Prevention of Relapse in Residual Depression by Cognitive Therapy A Controlled Trial. *Arch Gen Psychiatry*. 56（9）:829-835.1999.

＊7　Mueller TI1, Leon AC, Keller MB, Solomon DA, Endicott J, Coryell W, Warshaw M, Maser JD.
Recurrence after recovery from major depressive disorder during 15 years of observational follow-up. *Am J Psychiatry*. 1999 Jul;156（7）:1000-6.

＊8　Lars Vedel Kessing. Severity of depressive episodes during the course of depressive disorder. *Br J Psycohiatry*. 2008 Apr; 192（4）: 290-293

＊9　Lars Vedel Kessing, Mette Gerster Hansen, Per Kragh Andersen. Course of illness in depressive and bipolar disorders Naturalistic study,1994-1999. *Br J Psycohiatry*. 2004 Nov; 185 : 372-377

＊10　西浦千尋ほか「民間企業における長期疾病休業の発生率，復職率，退職率の記述疫学研究」（2015年）
https://www.zsisz.or.jp/investigation/179178c10a7c0fac551cc788f9745d921520b636.pdf

＊11　独立行政法人労働政策研究・研修機構「職場におけるメンタルヘルス対策に関する

調査」(2012年)
https://www.jil.go.jp/institute/research/2012/documents/0100.pdf

2-3　メンタルヘルス不調と兆候

　メンタルヘルス不調のとらえ方はいろいろあります。ここではアメリカ国立
労働安全衛生研究所（NIOSH）が1988年に提唱した職業性ストレスモデルを
もとに説明します。

図表 2 - 5 ＞ NIOSHの職業性ストレスモデル

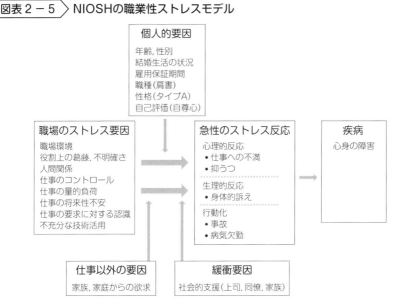

（出所）National Institute for Occupational Safety and Health（米国立労働安全衛生研究所）「職業性
　　　　ストレスモデル」をもとに筆者作成

　人が生活しているといろいろと出来事が起こります。内容によっては何らか
のストレスを感じることもあるでしょう。ストレスは仕事が原因のこともあり
ますし，仕事以外のこともあります。NIOSHでは仕事のストレスとして，仕
事の量や人間関係，仕事のコントロール（裁量権），自身の持っている技術を
十分活用できていない状態などをあげました。また仕事以外のストレスとして，

家族・家庭からの要求などをあげました。これらのストレスがかかると，人の体に変化が起きます。これをストレス反応といいます。

　ストレスによる体の変化は大きく3つに分けられます。「こころ」と「からだ」と「行動」です。

　「こころ」というのは，気持ちの落ち込みや不満を感じることなどです。

　「からだ」は，胃が痛くなる，よく眠れなくなるといったものから，腰痛やよく風邪を引く，吐き気がするといったものまでさまざまです。

　「行動」は，たばこやアルコールの量が増える，事故をする，会社にどうしても足が向かないなどがあります。

　ストレスによる体の変化をあなたも経験したことがあると思います。これは信号でいうと黄色信号のようなものです。黄色信号からもとの体調である青信号に戻ればよいのですが，ストレスが強すぎる場合や，長すぎる場合には赤信号に変わります。つまり病気になってしまいます。黄色信号で起こっていた体の変化がさらに悪くなったり，他のいろいろな不調が出てきたりします。こうなると仕事を休まないといけなくなることもあり得ます。

　一方で，同じストレスがかかったとしても，必ずしも全員が同じように病気になるとは限りません。その理由として，NIOSHは2つあげています。

　1つは，個人的要因です。年齢や性別，結婚しているか，雇用が安定しているか，それぞれの生活などによって，ストレスをどの程度感じるかに差が出てきます。なお，性格要因は，タイプAとありますが，これはFriedman氏とRosenman氏が提唱したせっかちで怒りっぽく，競争心が強い行動特性を持つ人のことを指します（＊1）。

　なお，性格については，近年はBig Fiveといわれ5つの要素に分けるという学説が有力です。Big Fiveの1要因として神経質傾向（Neuroticism）というのがあり，これがパーソナリティ障害や不安障害，うつ病と関係するという研究があります。ちなみに，これが低ければ良いとは必ずしも言えません。低すぎると感情に鈍感になりがちで，人から叱責を受けても気にせず，行動に変化が起きないかもしれません。

　もう1つは，緩衝要因といって，いわゆるサポートがどの程度あるかです。仕事や家庭でストレスがかかる状況であっても，上司や同僚，家族や友人など

がサポートしてくれるかどうかでストレスを感じる度合いが違ったり，ストレスが解消できるかも違ってきます。

＊ 1　FRIEDMAN M, ROSENMAN RH　Association of specific overt behavior pattern with blood and cardiovascular findings; blood cholesterol level, blood clotting time, incidence of arcus senilis, and clinical coronary artery disease. *J Am Med Assoc.* 1959 Mar 21;169（12）:1286-96.

COLUMN

ストレスチェックを活用していますか

　ストレスチェック制度は2015年に始まり，約 5 年が経ちました。2018年の行政の統計では100 ～ 299人規模の事業場で95%を超える実施率となっており，法律では努力義務となっている10 ～ 29人規模の事業場でも実施率が半数を超えています。一方で，実施している会社の中ではマンネリ化しているところもあるのではないでしょうか。

　高ストレス者に対する医師の面接指導は，法定事項ですので確実に実施する必要があります。一方で，いわゆる集団分析といって組織の健康度を見るものは，努力義務となっていることから，実施されていない，もしくは実施していても活用されていない会社があります。

　集団分析をうまく活用すれば，働きやすい職場を作ることが可能です。ポイントは 2 つあります。 1 つ目は，部署に丸投げするのではなく，人事部門や健康管理部門と連携できる環境を整えること。 2 つ目は一気に展開するのではなく，数年程度かけてステップアップすることです。ステップアップの方法として，まずは分析単位を会社単位だけでなく細分化し，部署別，男女別，就業内容別（製造，営業，事務など）などで集団分析を行ってみます。集団分析の見方はいろいろとありますが，「仕事の満足度」がどう推移しているかも着目するとよいでしょう。

　職場に結果を伝えるだけでは，なかなか環境を変えるまで至りません。各職場の負担にならない範囲で，現状の把握に加え対策案のフィードバックを求めることも重要でしょう。「働きやすい環境の職場にする」ことは，いずれの職場でも必要なことという視点から，集団分析結果の悪かった職場だけに対策を求めること，各部署からフィードバックを求める際は，ネガティブなことだけを報告してもらうのではなく，ポジティブなことを伸ばすという視点を含めてもらうことも重要です。

＊1　厚生労働省「平成30年労働安全衛生調査（実態調査）結果の概況」（2019年）
https://www.mhlw.go.jp/toukei/list/h30-46-50b.html

2-4　休職開始前後の対応

　この項目では休職を開始する直前や直後にどのような対応をとるとよいかについてお伝えします。

2-4-1　事例性で会話をする

　あなたが人事担当者だとします。今，体調不調でメンタルヘルスの病気かなと思っているAさんのことを考えています。Aさんは体調不良で，仕事のパフォーマンスが落ちています。先週，初めて行ったクリニックで，うつ病と診断されています。主治医からは「これ以上体調が悪くなれば会社を休んで療養しましょう」と説明を受けています。

　今週に入ってAさんの顔色はどんどん悪くなっていて，会社を遅刻する日が出てきました。あなたは「Aさん休みそうだなぁ……。来週の診察で判断されるかな」と思っています。

　さて，質問です。なぜ，Aさんは休むことになりそうなのでしょうか？

　「えっ!?　なぜわざわざ理由を聞くの？」とあなたは思われたかもしれません。

　「書いてある通りでしょ？」

　「だって，うつ病で体調が悪くなっているんでしょ？」

　「主治医からも悪くなったら，休むように指導されているんでしょ？」

　ここで2-2の疾病性／事例性の話を思い出してください。

　「職場でのメンタルヘルス不調者に対応するときには，事例性に注目する」ことは大事なポイントになります。

　「病気だから休む」は，もちろん間違いではないのですが，「仕事のパフォーマンスが落ちている」「顔色が悪くなっている」「会社を遅刻する」という事例性に注目して本人とコミュニケーションをとるようにしてください。

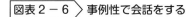

図表2-6　事例性で会話をする

疾病性で判断する

Aさんうつ病があるから
もうすぐ休むかもしれないな

事例性で判断する

Aさん体調悪いと言っていて，
実際にパフォーマンスが落ちているな…

会社では事例性でとらえることが重要
病気がある＝仕事ができない ではない

　疾病性，つまり病気か病気でないか，病状が良くなっているか悪くなってきているかを話題の中心に置いてしまうと，仕事ではなく病気が話題の中心になります。職場は病院やクリニックではありません。「病気がある＝仕事ができない」ではなく，「病気があっても仕事ができる状態（事例性がない）ならば仕事をする。仕事ができない状態（事例性が大きい）ならば療養する」という考え方が1つのポイントになります。このため会社とは働く場所であり，働く場所で現実に起こっている困りごとを話題にする点が大切になってきます（「Case2　病院に行かない」参照）。

2-4-2　診断書を提出してもらう

　メンタルヘルス不調を疑う人が病院を受診した場合には，会社として事態を把握するために診断書を会社に提出してもらいましょう。病気欠勤や休職をするときの根拠となります。診断書は休職した場合には必須ですが，休職せずに療養をする場合でも推奨します。疾病性を確認できるからです。

　産業医や産業看護職がいる場合には，診断書の情報を共有しつつ，不調者との面談をしてもらいます。面談が制度上・運用上漏れないような仕組みにして

おきましょう。不調者ご本人との面談に加え診断書の記載や内服内容などを把握してもらい，産業医や産業看護職から医療の面から見た見解（重症度や就業配慮の必要性，今後の経過予測など）を得ることができます。また，本人の発言と診断書だけでは情報が不十分だと考えられる場合には，産業医や産業看護職から主治医に状況確認の手紙を出すなどして，さらなる情報を集める場合もあります。

　従業員が何日以上休んだ場合に診断書を求めるか，何日以上休んだ場合には復職前に産業医もしくは産業看護職との面談を必須とするかについても規定に落とし込んでおきましょう。

　有給休暇を使って会社を休んでいる場合に，診断書の提出を強要することは難しいですが，従業員にも協力を求めたほうがよいと思います。最近は入院期間が短くなっており，がんや心筋梗塞など命に関わる病気であっても有給休暇の範囲内で仕事に戻る可能性があるからです。

2 - 4 - 3　休職するか，仕事を続けながら治療するか

　実際に休職に入るまでの事情はいろいろです。

- 本人がクリニックを受診し直後に休職。診断書が提出されるまで誰も気づかなかった
- 本人が上司や同僚に体調不良を相談したことがきっかけ
- 本人の顔色などを見て，上司が病院受診を勧めた
- 家族に病院受診を勧められた　　　　　　　　　　　　　　　　　　　　　　など

「休職して自宅療養をするか」もしくは「仕事を続けながら治療をするか」については，ご本人の病状と意向，何が原因となって不調になっているかを踏まえた総合判断となります。

　産業医として休職を積極的に推奨するのは，例えばこのようなときです。

- 「死にたい」もしくは「消えてしまいたい」という気持ちが強い
- 出社するだけで疲労困憊している
- 週5日のうち1日は休むもしくは有給休暇を使い切った

> ● 治療を開始しても，改善に向かっているきざしが見えない

　特に，「死にたい気持ち」が強く，実際に自殺する手段を考えるような場合については，本人を絶対に1人にしないことも重要です（「Case18　死にたいと言っています！」参照）。

　なお，仕事を続けつつ治療をする場合，不調が長期化することがあります。不調が続いていても，仕事ができていれば許容範囲の場合もありますが，パフォーマンスが極端に落ちた状況が数か月程度続く場合には，上司や周囲から困惑の声があがりがちです。とはいえ，本人が「今まで不調でも仕事を続けてきたのだから，このまま踏ん張りたい」という気持ちを持っている場合は，休業して療養することに対して抵抗感が強くなります。

　ですので，休職するのか否かを検討する際に，先を見すえた会話をしておくことが重要です。

図表2−7 ＞ 先を見すえた会話

> さらに不調になったらお休みすることも考えましょう。元気なら引き続き力を発揮しましょう。

今だけでなく，先を見すえたコミュニケーションをとっておく

具体的には，「今の時点では休職せずに仕事を継続する方向で，体調を良くしていきましょう。それで良くなってきたら一番ですよね。ただし，仕事が前に進まなかったり，ミスが多くなったりが月単位で続くようなときには，療養して立て直すことを優先しましょうね」と，事前に伝えておき本人の了承をとっておくことが望ましいのです。その役割は産業医に担ってもらうとスムーズに進みますが，難しい場合には産業医同席の上，人事担当者や上司から話題に出すという方法もとれます。

2-4-4　周囲の人が医療機関の受診を勧めるときの方法

明らかに体調が悪い状態でも，本人がそのことを認めたくないなどの事情のため，上司が本人に病院受診を勧めることもあろうかと思います。その場合も事例性を話題の中心に出しながら話を進めていきましょう。

「あなたは病気だと思うから，病院に行ってきなさい」といった，疾病性を中心とした会話をしてしまうと，本人は納得しづらくなりがちです。

例えば，

「最近顔色が悪く，元気がなさそうなんだけど，体調でも悪いの？」

「眠れないのであれば，一度病院にかかってみてはどうだろう」

「あなたの調子の悪さの理由もはっきりするかもしれないし。病院にかかることがきっかけで，そのまま様子を見ているよりも早く良くなるかもしれないよ」

といった言い方をお勧めします。

また，本人の気持ちを確認するときの話し方ですが，

極力「なぜ」という言葉を避けるほうがスムースになります。「なぜ」というのは，叱責のニュアンスを含むからです（例「なぜこの仕事ができなかったんだ」）。

つまり，「なぜ体調が悪いんだ」と尋ねるよりも，「体調が悪くなった理由を教えてくれないか」のほうが言い方がやわらかくなります。

2-4-5　会社の窓口を決める

従業員が実際に休むことになったとします。有給休暇を使い切っていない場

合，まずは有給休暇を使いながら休むことになると思います。メンタルヘルス不調者が休職する場合には，療養期間が長期にわたることも多く（2-5-5参照），休職中の窓口を設定し，対策チームを作る必要があります。

対策チームのメンバーは，直属の上司と人事担当者，そして，いるならば産業医や産業看護職です。

直属の上司は不調者の発生にあたり，その人が担当していた仕事を割り振り，業務が過度に滞ることがないようにしなければなりません。また，代替人員の確保を必要に応じて進めます。その他，上司視点での不調となった原因の共有なども必要です。

人事担当者は，休職した人に有給休暇の残り日数や欠勤・休職といった休むための制度を伝える必要があります。また，休職に必要な書類を書いてもらう必要があります。2-2-1で述べた作業関連性（労災認定の可能性）の見積もり（具体的には，労働時間や休日出勤が過度ではなかったのか，ハラスメントが一因となった可能性はなさそうかなど）を行うことも必要です。もちろん人事部門は個別対応だけではなく，個別対応の実態を踏まえつつ，産業保健の専門家の意見を聞きながら会社としてのメンタルヘルス対策をどのように作り上げるかも重要な役目です。

休職者本人とのコンタクトは一本化するほうが望ましいのですが，上司もしくは人事部門のどちらがやりとりの中心になるかは，会社のマンパワーや風土によって異なります。また上司からのハラスメントが原因で不調になったと本人が考えているような場合には，上司が休業中の対応窓口になるのは難しいでしょう。このため，どちらがよいかは一概には言えません。

とはいえ，対応の質がばらつかないよう上司に一任しすぎることなく，人事部門が関与することが必要です。例えば，有給休暇で対応している間は上司がマネジメントすることとし，有給休暇を使い切って欠勤に入った時点から人事部門にバトンを渡す方法もあります。

2-4-6　休職にあたり必要な情報を本人に伝える

職場から離れて数週間がたつと，休職している人の体調が少しずつ戻ってくることがあります。一方で，その頃になると，有給休暇がなくなりますので，

病気休暇制度がない会社では病気欠勤に扱いが変わります。そして欠勤になると無給扱いとなる会社が多いのではないでしょうか（注：会社によって病気休職の制度，休職中の給与の取扱いは異なります）。

　会社から給料が出なくなっても，傷病手当金などの社会保障制度を活用することができますので，すぐに生活にこと欠くことはありません。傷病手当金を支給されながら就業規則に定められた休職可能期間の間に復職を目指して療養します。

　とはいえ，休職している人が全員，「いつまで会社を休むことができるか」「会社から給料が支払われなくなっても，傷病手当金を受給できるので，生活できなくなるわけではない」という事実を知っているわけではありません。逆にこの2点は，メンタルヘルス不調者が休職する際の主な心配ごとであり，時には離職と生計の不安がストレスとなって，病状が悪化してしまう人もいます。

　人事担当者は，休職となった従業員に対して，
- 体調が戻るまでじっくり療養してほしいこと
- 休職できる期間の説明
- 休職中の生計を立てるための制度の説明（それに加え，社会保険料など，従来は給料から天引きしていた金額が必要となること）

を説明することが重要です。

　その他に
- 休職中に連絡する場合の手段を複数（携帯電話，メールなど）確認すること
- 定期的な状況確認が必要であること

も説明しましょう。

　会社が支給する携帯電話やノートパソコン・タブレット端末の取扱いも検討してください。基本は回収することになるかと思います。休職中に仕事をすることは，休職という前提条件が崩れますし，療養の観点からも適切ではありません。

　最近気をつけないといけない事項としてSNSやグループウェアがあります。職場内でコミュニケーションアプリなどでグループを作って，情報を共有しながら仕事をしている職場があります。このような職場で休職者が出たときには，

欠勤期間に入った時点でいったん休職者をグループから外すほうがよいでしょう。療養中もメッセージが入り未読がたまってくる状況ですと，休職者が気になってメッセージを都度確認してしまいます。それでは休養になりません。グループから休職者を外すときには，目的を丁寧に説明することも大切です。具体的には，療養を優先するためにグループから一時的に外れるものである旨，復職する際には再度グループに入ってもらいたい旨を説明することもコツの1つです。

　療養に関係する社内制度の説明や休職発令は，どの程度詳細に説明するかはともかく，概要は早めに説明しましょう。先に延ばすと，後になって休職している方が「もっと早くいってくれれば対処できたのに」などの感情を持ってしまい，トラブルの原因となりがちです。また，体調の回復が十分でないにもかかわらず，有給休暇がなくなった時点で復職をしようとすることがあります。それではお互い不幸になってしまいます。

　ですので，休職が始まるタイミングで「有給休暇がなくなった後の療養の制度について，一度説明しておいたほうがいいかと思うけれどもどうしますか」や「お休みの制度について説明しておきましょうか」などの声掛けをしてから，伝えることが望ましいでしょう。

　一方で病状が思わしくない場合，休職している本人もしくは主治医から，休職者との接触を避けてほしいとの依頼が入る場合があります。そのような場合は，「病状が理由で，本人と会社とのコミュニケーションがとれない状態である」旨，書面として残しておくことをお勧めします（「Case 5　本人が戻ってきたいといったから戻したのに…」参照）。

　本人への情報提供が難しい場合，休職者の家族に情報伝達することを同意してもらう選択肢もあります。なお，家族に情報を伝達する場合には，緊急時以外は本人の同意が必要です。会社が恣意的に判断し，本人抜きで家族とコミュニケーションをとらぬようにしてください（「Case18　死にたいと言っています！」参照）。

2-4-7　引き継ぎをどうするかという悩ましさ

　休職する場合，悩ましいことの1つに業務の引き継ぎがあります。仕事が全

くできないほど消耗している場合や，死にたい気持ちが強い場合は，直ちに休職せざるを得ませんので，引き継ぎはきっぱりと諦めましょう。一方で，休職が必要と主治医からいわれている状況で，引き継ぎを含めた就業を継続させることは労務管理の視点からも相当リスクが高いと考え，本人に強いる形にはしないことが必要です。

　最低限，かつ可能な範囲で引き継ぎをした上で休職に入るほうが，業務でのトラブルを防止できます。特に，社外の顧客対応を業務としている人の場合には，引き継ぎなしでの対応だと休業開始直後に電話で休職している人に頻回に確認せざるをえなくなります。これでは，休職者の体調が悪化することもあり得ます。また引き継ぎをしてから休職したかどうかで周囲に与える印象も異なります。それは，休職者が同じ職場に復職できるかどうかに影響することでもあります。

　とはいえ，引き継ぎができる状態か否かというのは，医師であっても判断が難しいものです。産業医がいる会社の場合，産業医に面談をしてもらい，助言をもらうことができるかもしれません。いずれにせよ，少しでも体調が悪化する場合には，その時点で直ちに休みに入るということを関係者が共有しておくことが必要です。

COLUMN

事実と意見・感情を切り分ける

　これは，メンタルヘルス不調者に限った話ではありませんが，質問をしたときに回答のピントがうまく合っていないと感じることがあります。そして，その多くが「事実と意見・感情」を分けることができていないことによります。

　例えば，①進捗管理のときに上司が「この仕事，お客さんとのやりとりはどこまで進んだ？」と質問したのに「おおむね順調です」とだけ答えてしまい，具体的なやりとりの状況を説明しない（事実を聞きたいのに，意見だけで回答する），②単に仕事のミスを同僚が指摘しただけなのに，当事者は「あの人から非難された」と感じる（事実の指摘に対して，感情が前面に立ち具体的な対応に結びつきにくい）などがあります。

　①は仕事の良好なコミュニケーションとして大切です。②はストレスへの抵抗

力とも直結します。

　人間ですので，事実と意見・感情を完全に分けることは難しいのは事実です。また人によって切り分けが得意な方と苦手な方がいるようにも思います。ただ，普段から意識して切り分けることを継続すると，徐々にできるようになるものだとも思います。

　私も常にできているとはいえませんが，皆さんはいかがでしょうか。

2-5　休職中の対応

　この項目では休職中に担当者がどのような対応をとるとよいかについてお伝えします。

2-5-1　定期的な連絡を取る

　本人と定期的な連絡を取る意義はいくつかあります。まずは本人の状況・体調を確認することで，復職のタイミングを図る必要があります。次に，休職している理由を証明するために，主治医が発行した診断書を受領する必要があります。最後に，傷病手当金など書類のやりとりが必要です。

　定期的な連絡といっても，それほど長い時間をかける必要はありません。頻度は2週間～1か月ごとがよいかと思います。対面・電話・書類のいずれの方法でもよいかと思いますが，書類だけですと状況がはっきりしないことが多く，お勧めできません。書類を主体にしている場合でも，他の方法を組み合わせることも1つの方法です。

2-5-2　状況・体調を確認する，療養環境を確認する

　現在の状況や体調を本人からヒアリングします。

　ヒアリングする目的は，療養ができているか（例えば，治療を自己中断して自宅で引きこもっていないか），病状の4ステップのどの段階にいるか（2-2-4参照）をざっくりとでよいので把握しておきます。産業医や産業看護職・心理職がいれば，これらの専門職にヒアリングしてもらい情報を共有すれば，よりスムーズな対応が期待できます。

療養環境の確認も重要です。家族が原因（例えば介護問題など）となってメンタルヘルス不調を来した場合，自宅療養をしているだけでは原因がそのままですので回復が期待しづらいです。また，1人暮らしをしている人の場合は，実家に戻るなど家族の目が届く形のほうがよいかもしれません（「Case21 単身赴任中の従業員の療養」参照）。療養中に自己判断で不適切な療養環境に身を置くかもしれません（「Case 3　メンタル休業中に海外へ」参照）。

会社がどこまですべきかという悩ましさがありますが，一方で病気休業中の従業員は治療を前提に退職を留保されているわけです。つまり，治療に専念する義務があると解釈できます。療養として不適切な環境がある場合には，産業医や主治医に療養の適切さを確認することで，より良い方向に向けることが望ましいでしょう。

この時期はあまり仕事や不調になった原因について，本人が伝えてこない限り掘り下げないほうがよいでしょう。本人にストレスをかけ病状を悪化させることにもつながりますし，本人も思考力が十分な状態ではないため，答えてくれたことが表面上の理由であることもあります。また，伏せたい内容（例えば，上司からのハラスメントを受けていることに言及すると会社を即クビになるのではという恐れ，本人や家族の借金問題があるなど）があるかもしれません。

このため，復職直前にあらためて丁寧に確認するというスタンスをとり，「無理に話さなくてよいんだけど，体調不良になった原因は何か教えてもらえないかな？」と聞く程度にしておき，本人が戸惑いを見せる場合には，「今は話したくないのであれば，言わなくても大丈夫」などと回答することがベターです。

2-5-3　診断書の有効期限を切らさない

病気が理由で休んでいることを明確にするため，診断書の有効期限を切らさぬことが重要です。言い換えると，

- 療養が必要な期間が入った診断書であること
  （「○月○日まで自宅療養が必要」など）
- その期間を超えて引き続き療養が必要な場合は，その期限が切れる前までに新しい診断書を提出してもらうこと

が必要です。

　診断書が全く提出されていない状況で，病気休職を認める会社はそれほど多くないでしょうが，診断書が初回に出されてから，その期限が切れるまでの間に次の期限までの診断書を求めない会社は案外多いように思います。何が理由で休職しているかを明確にするために，人事担当者は休職者に説明し，診断書を求めてください。そして，望ましい状態にするために，診断書を会社に提出してもらう根拠として就業規則にその旨を記載しておくことが必要です。

　なお，メンタルヘルス不調者に対する診断書の期限は，大半は1か月のことが多いです。3か月などそれよりも長い場合には，重症など何らかの理由がある可能性が高いでしょう。

2-6　復職検討段階での情報収集・評価

　この項目では，メンタルヘルス不調者が会社や復職のことを話題に出せるようになるまで体調が回復してきたときに，担当者がどのような対応をとるとよいかについてお伝えします。

2-6-1　生活記録表の重要性

　定期的に不調者と連絡を取っていると，第3ステップ「職場復帰を検討する段階」（2-2-4参照）まで回復したことが把握できるでしょう。

　生活リズムが安定してきたころ，もしくは復職要望が本人から言及されたころになれば，生活記録表を活用できる時期です。休職している人に生活記録表を渡し，復職するまでのあいだ記入するように説明してください。生活記録表とは実際に過ごした状況を記録するための表で，おおむね1枚1週間で記入してもらいます（図表2-8参照）。

図表２−８ 生活記録表（サンプル）

生活記録表

記入日： 　年　　月　　日～　　年　　月　　日

記入者：

	0時 2時 4時 6時 8時 10時 12時 14時 16時 18時 20時 22時 24時
／（月）	
／（火）	
／（水）	
／（木）	
／（金）	
／（土）	
／（日）	

　行動だけでなく，薬の内服状況や体調・気分・疲労などを記入してもらう様式を使う会社もあります。様式例は過去の研究の中でも示されています（＊１）。

　生活記録表を活用するメリットは，大きく分けて２つです。

- 本人自身が体調を振り返り，回復の実感を持ちやすくなる
- 現在の体調を関係者が共有するツールとなる

　生活記録表の見方は，

- 睡眠リズム：睡眠が安定的か，就労時と同じか，昼寝はしていないか
- 食事：３食摂っているか
- 日中の活動性：日中にどのように過ごしているか

がポイントで，何か回復を促進・阻害する要因があるかを見ます。

　本人へのフィードバックは，産業医や産業看護職・心理職が望ましいですが，選任されていない場合には人事担当者が行うこともあるでしょう。その場合には，できていないことや復職できない理由だけを話題の中心にすることは避けてください。現時点でできていること，以前よりも良くなった点を話題の主体

にしつつ，さらなる回復のために次のステップとして何が必要か，不調者ができそうな点は何かを話し合いながら決めるという前向きな視点を心がけてください。

2-6-2　日常生活が送れるようになった＝復職ではない

　日常生活を送ることができるまで回復したということは，仕事ができるまで回復したということではありません。一方で，休職している人が日常生活を送ることができるようになると，復職ができると思いがちです。その時点で会社が復職を了承すると，かなりの確率で復職をした直後に調子を悪くしてしまいます（「Case10　復職時の情報不足」参照）。残念ながらこのような事態が大変多いのです。

　復職が不調に終わるということは誰にとってもよくありません。復職に失敗した本人は挫折感を持ちますし，医学的にも再発を繰り返すほど病状が悪化・再発しやすくなるとされています（2-2-3参照）。不調者に対する職場の信頼度もさらに低下してしまいます。

　休日にも仕事をしているときの集中力や緊張感を持って過ごしている読者は多くないでしょう。気分転換をしたり，ゆっくり休んで平日の疲れをとったりしていることが多いと思います（だからこそ家族の入院や介護，子供への対応などで多忙な場合はなかなか疲れがとれず大変です）。このように不調者が日常生活を送れるようになったというのは，あくまで休日が安定して過ごせる状態まで回復したことを示しているわけです。

　それでは，第3ステップである復職を検討する段階になった状態で，休職している方に何が必要なのでしょうか。2-2-4でたとえた足の骨折と同じように考えてもらうとわかりやすいのですが，ポイントはリハビリテーションです。休職している人が日常生活を過ごす中で，少しずつ負荷をかけてもらい，病状が悪化しないことを確認します。

　負荷をかけるときの視点は，大きく分けて3つあります。1つは，体力・筋力面です。療養している中で体力や筋力も落ちていますので，仕事ができるだけの体力・筋力に戻す必要があります。デスクワークか現場作業かによって求められる度合いは異なりますが，デスクワークの方ならば1日のうち2時間程

度はウォーキングやジョギング，ジムなどで運動できることを確認しておくことが望ましいでしょう。なお，ウォーキングはおおむね10分で1,000歩歩きますので，2時間というと12,000歩＋日常生活分となります。ですから1日15,000歩程度動けているかが1つの目安になるでしょう。

2つ目は，集中力です。負荷の弱いものから，負荷のかかる仕事に近い内容に徐々に移行します。集中は受動的なものと能動的なものがあり，受動的なものから開始して，能動的なものに変えていきます。受動的なものとはテレビやインターネットサイトの閲覧などが代表的です。集中力が途切れても，それほど問題なく進めていくことができる質のもので，負荷は比較的弱いものです。能動的なものとは，読書や勉強などがあります。これは集中力を途切れさせてしまうと前に進めることができなくなる質のもので，負荷が受動的なものと比べて強くなります。

つまり，最初は受動的なテレビやネット閲覧・漫画などからスタートし，徐々に活字本へ移ります。活字本の中でも，小説といった仕事と関係ないもので問題なく集中できるならば，ビジネス書や専門書など仕事に近い内容に移っていくことが必要です。復職間近の段階では，仕事に関係する分野の勉強（専門資格やオフィスソフトの検定など）に自主的に取り組んでもらうこともあります。

デスクワークの人ならば，1日のうち4時間程度は集中力が必要な取り組みができることが望ましいでしょう。体力，集中力の回復はいずれも一気に負荷をかけすぎては調子を崩します。徐々に負荷をかけていくように説明しましょう。人によっては過集中といって集中しすぎて，後から疲労がどっと出るようなこともありますので，その点も注意が必要です。

3つ目は，コミュニケーション能力です。メンタルヘルス不調になった原因として，不調者のコミュニケーション能力が理由の1つだと考えられる場合には，再発防止のための手を打つことが望ましいでしょう。とはいえ，自宅療養では人と接点を持つことは少なく，再発防止策を検討することは難しいので，リワークを活用することを推奨します（2-9-3参照）。もし，リワークを使わない場合でも，休職の原因となった出来事を振り返ってもらう，復帰時に周囲からかけられる言葉や状況を想定して対策を立てておく（例：「きみが急にいなくなったから，その直後は本当に大変だったよ」と同僚に言われたときに

どう回答するか，など）必要があります。

図表2-9 復職を検討する段階になったときに確認すべき事項

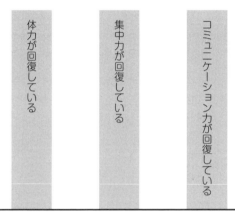

体力が回復している

集中力が回復している

コミュニケーション力が回復している

日常生活を送ることができる
（生活リズムが安定，日中は元気で夜間は眠ることができている）

　体力・筋力，集中力，コミュニケーション力については，「調子のいい日にできる」という状態での復職では望ましくありません。ある程度調子の悪い日でも継続的に問題ない状態であることが必要です。このため，休職中に2週間程度は復職できる状況が継続できているという実績を作る（活動記録表に記入する形で確認する）ことをお勧めします。

2-6-3　復職に必要な姿を本人に伝え，共にゴールを目指す

　突然ですが質問です。入社1年目の社員と5年目の社員，そして管理職とで仕事をする上で求められる能力は同じですか。それとも違うと思いますか。

　2つ目の質問です。メンタルヘルス不調者の復職において，入社1年目の社員と5年目の社員，そして管理職とで求められる要素は同じですか。それとも違うと思いますか。

　1つ目と2つ目の質問の答えが違うことはなかったでしょうか。2つとも答えは「違う」だと筆者は考えています。

64

　病気による休職とは，「病気によって低下した業務遂行能力を回復させるために，会社を休んで療養すること」です。そして復職とは，原則「病気によって低下した業務遂行能力が回復したから休業を終え，就労の場に戻ること」です。

　ですので，復職をする時点で従業員は自身がきちんと仕事をできることを示さねばなりませんし，会社は休職していた従業員がきちんと仕事ができることを確認しなければなりません。つまり，もともとの仕事内容が違う以上，復職時に求める要素も違ってきます。

　一方で，「Case11　パフォーマンスを出してほしい」や「Case16　休職を繰り返す」を見ていただければと思いますが，復職時に求める姿や，どのぐらいの期間は就業に配慮できるかという姿を共有しておかないと，メンタルヘルス不調者と人事・上司との関係にズレが生まれやすくなります。つまりできるだけ具体的に，「あなたの職務等級は○○であり△△が求められる。あなたの部署は□□だから，××の仕事ができるようになることが復職に必要となる」といった不調者が対応可能な範囲で会社が求める姿を不調者と面談しながら作る必要があります。

　そして，復職する際に求める姿だけではなく，数か月後にあってほしい姿についても事前に話し合っておくことをお勧めします。詳細は2-7-3でお伝えします。

図表2-10　復職時に求める姿と配慮期間を明確にする

2 - 6 - 4　あらためて休職理由を振り返り，再発防止策を検討する

　2 - 5 - 2 にあるように，休職直前・直後の時点でメンタルヘルス不調になった理由を確認しているかもしれません。一方で，休職理由について本人が言及しないことから，この時点では休職理由を把握していないかもしれません。いずれにせよ復職を検討できる段階になり，メンタルヘルス不調者と会社や仕事について会話ができる状況になれば，会社を休むようになった理由を丁寧に確認しておくことが必要です。

　会社を休むようになった理由として，注意しておく必要があるのは，作業関連性（ 2 - 2 - 1 を参照）が強いと考えられるものと，対人関係・コミュニケーションが理由となっているものです。

　作業関連性が強いものは，本人の要因よりも会社の要因が強いものと言えます。休職者の不調になった原因を会社が責任をもって解消し，休職者に復帰してもらわなければなりません。時には，復職先を変える必要もあります。

　対人関係・コミュニケーションが理由となっているものについては，本人だけでなく上司や同僚からも話を聞くなどして，状況を把握することをお勧めします。それにより，今回の経緯が相性やすれ違いによるものなのか，作業関連性が強いのかなどを踏まえることができます。もし，本人要因が強い（作業関連性が弱い）のであれば，本人に対して，「今後も同じようにストレスがかかる状況になることもあるかもしれない。もし，そんな状況になったときに不調にならないで済むように，どう対処すればよいのか」を不調者本人と対話しておくことが再発防止につながります。

　プライベート要因として，家族の介護が理由となる場合については，介護保険など社会保障制度が活用することでき，今後継続的に働ける環境が整っているかを確認することが重要です。その他，ギャンブル・借金問題が背景となるような場合は，会社として踏み込みにくい部分がありますが，家族がどの程度把握して，共に対処しようとしているかといった家族を含めての視点を持っているかどうかで再発するか否かが左右されるように思います。

　なお，復職するときには休職前の職場に復帰することが原則とされており，

行政のガイドラインにも示されています（2-1参照）。とはいえ，人間関係がこじれている場合などは，本人や職場の拒否感もあることが多く，異動を考えたほうがスムーズなこともあります。その点は人事管理の観点から臨機応変に対応することが必要でしょう。

　本人要因が強いと考えられ，本人の異動希望を承認する場合には，この先異動を繰り返すことがないように，また病気が回復したのちも病気を理由とした配置転換を本人が拒否することがないように，復職前に丁寧に説明しておくことが必要です。具体的には，今回の配慮は特別であり一度限りのものと考えること，あくまで今回の配置転換は一時的なものであり今後も継続的に同じ部署にい続けることを約束するものではないこと，他の従業員と同様に事業環境の変化に対応し，成長し続ける必要があることを伝えます。

　ズルズルと配慮をすることは誰にとっても良くありません。配慮が永続的に必要な場合は，その点を明確にすること，一時的な配慮であるならばいつまでも特別扱いすることなく他の従業員との公平性を担保することが，本人の成長機会を損なわせないことにつながります。

2-6-5　復職可能の診断書をとるそのタイミングも重要

　2-5-3にあるように，診断書の有効期限を切らさぬように対応していますか。それに加え，正式に本人が復職を希望するときには，「○日から復職可能」と具体的な期日に言及している診断書を提出するよう，本人に説明してください。また，本人にとって必要な配慮がある場合は，その旨も記載してもらうように本人に伝えておきましょう。

　復職可能の診断書を提出してもらうタイミングも重要です。休職中から定期的にメンタルヘルス不調者と面談をしている場合には，不意に本人から復職可の診断書が出てくることは少ないと思います。

　一方，会社として復職できる状態には至っていないと考えている時点で，復職可の診断書が提出されると，「本人と主治医は復職できると思っているのに，会社は復職させない」という対立構造にはまり込みがちです。

　定期的に休職者と面談していると，復職検討段階に入った時点から「会社に復帰するために必要なこと」を明確にし，「現時点で達成していること」と「今

後復職までに達成しなければならないこと」を共有することが何より重要です。それらが，一通り達成できた状況になってはじめて，正式に主治医からの職場復帰可能の診断書を提出してもらうように休職者に伝えてください。そうすることで，本人と主治医も会社も復職可能と意思が一致することができます。

　なお，主治医から伝達のあった就業に関する配慮は，すべて会社が了承しないといけないものではありません。会社として配慮が許容できない部分については，会社として許容できない旨と理由を休職している人にきちんと伝え，会社は復職を承認しないという方針をとることも時に必要です。そのときは休職している人の要望が過度ではないか，もしくは逆に会社が恣意的に判断していないかなど合理的配慮の考え方を大切にしてください。最終的な判断をくだすまでにどう考え休職している人に説明したかというプロセスが，従業員の納得感とリスク管理の視点として問われます。

2-6-6　この時期に本人にいかに対応するかが復職の成否に最も影響する

　復職を検討する段階で会社として押さえておくべき内容が多いと感じられたかもしれませんが，いずれも欠かすことができない項目です。
　復職がうまくいかない理由の多くは，
- 本来，復職できる体調まで回復していないのに復職してしまう
- 休職者に対して会社が「仕事ができる状態とはどのようなものか」を明確にしていないため，休職者と会社との間にズレができてしまう
- 休職した原因を明確にせず，再発防止策もないまま復職してしまったため，再度不調になる

であり，こうしたことが圧倒的に多いのです。

図表2-11 〉復職がうまくいかない主な理由
本来復職できる体調まで回復していない
会社が復職時に求める像を本人に明確にしていない
不調になった原因を振り返らず再発防止策がない

復職を検討する段階になって，これらの話し合いをするわけですが，1回の話し合いで完結することは，ほとんどありません。「休職者の状況を確認する」「その都度課題を整理し，次回までに取り組んでほしいことを明確にする」ことを繰り返し，段階的にきちんと仕上げてもらうことが何より大切になります。

これを人事担当者がすべて担うのは大変ですので，産業医や産業看護職に面談をしてもらうことなども検討できます。また，外部機関の手を借りることもできます。2-9の内容も活用してください。

なお，再発防止策については本人だけに責任を負わせるばかりとは限りません。会社にも一定の要因がある場合には会社にも改善策を考えてもらうことも必要です。

＊1　梶木繁之「生活記録表を使用した復職支援の標準的方法の開発および効果評価」平成26年度労災疾病臨床研究事業費補助金　メンタルヘルス不調による休職者に対する科学的根拠に基づく新しい支援方策の開発　総括・分担研究報告書35〜47頁

COLUMN

メンタルヘルス教育の重要性

メンタルヘルスに関心や知識を持っている部署であってもメンタルヘルス不調者は出てきますが，そうでない部署のほうがいろいろと問題が発生しがちです。このためメンタルヘルスに関する教育を会社として行うことはとても重要です。では従業員にどの程度の知識を身につけてもらう必要があるのでしょうか。

従業員に多くの知識を持ってもらえるのはありがたいのですが，多忙な従業員に対して多くの知識習得を期待することは難しいのが現実です。また，詳細な病気の知識（疾病性）を身につけること以上に，メンタルヘルス不調かもしれない従業員に気づきその際にどう対応すると良いかについて理解してもらうことが重要です（事例性）。もし費用をかけることが難しいというのであればまずは行政が作成しているeラーニングを従業員に見てもらう形もあります（＊1）。

内容としてはセルフケア（それぞれの労働者が理解し実践できることを学ぶ）とラインケア（上司が部下に対して適切な対応をとる必要性を学ぶ）はぜひ行ってください。今までメンタルヘルス教育を行ったことがないのであれば，まずは管理職を対象としたラインケアからスタートし，数年かけてセルフケアに移行す

るのが良いでしょう。

　学びを大きくするためには，講義型の教育ではなく，事例を提示しグループ
ワークを行うなどの実習型の教育を行うことが必要になります。実習型の教育は
トレーニングを積んだ講師が綿密に計画して行うことが必要ですので，社内で完
結するのは難しいかもしれません。社外機関を活用して教育を行う場合には，実
習型の教育への対応が可能かを考慮してみましょう。

　教育を行う側の医療職の方々は，独学だけではなく一度教え方を学ぶことをお
勧めします。受講後のゴールを設定し，それに至るために講師は何ができるかを
綿密に計画することができると，今までとは違った質の研修を運営できるように
なります（＊2）。

> ＊1　厚生労働省「こころの耳　e-ラーニングで学ぶ「15分でわかるラインによるケ
> ア」」
> http://kokoro.mhlw.go.jp/e-learning/linecare/
> ＊2　産業医科大学「首都圏プレミアムセミナー　ワンランク上の健康教育の技法」
> https://premium.med.uoeh-u.ac.jp/service/course/

2 - 7　復職の適切な判断

　この項目では，メンタルヘルス不調者が正式に復職を希望するようになり，
会社も復職の最終確認段階に至ったときの対応についてお伝えします。なお，
弁護士の視点は第3章を参照ください。

2 - 7 - 1　復職時に最低限確認すべき事項

　2-6でもいくつか言及しましたが，復職可否判断の面談（復職面談）を行
う際に確認すべき事項を整理します。

　まず，行政が発行する復職の手引き（2-1-2参照）では，判断基準の例と
して

- 労働者が十分な意欲を示している
- 通勤時間帯に1人で安全に通勤ができる
- 決まった勤務日，時間に就労が継続して可能である
- 業務に必要な作業ができる

- 作業による疲労が翌日までに十分回復する
- 適切な睡眠覚醒リズムが整っている，昼間に眠気がない
- 業務遂行に必要な注意力・集中力が回復している

と書かれています。

　これはよくまとまっているのですが，より詳細，かつ具体的に以下の項目を確認することをお勧めします。

図表２−12 ▷ 復職時に確認すべき事項

・仕事の意欲	・コミュニケーション能力	・納得感
・安全な通勤・就業	・疲労回復・継続性	・主治医の同意
・生活リズム	・再発防止策	・家族の意向確認
・体力	・復職場所・業務内容	
・集中力	・就業能力	

　それぞれを解説します。

　仕事の意欲とは，従業員が就業に十分な意欲を示していることです。当たり前のように思うかもしれませんが，「仕事したいです」と休職者が言う場合でも，本音は異なることがあります。例えば，仕事ができる自信がないものの仕事をしていない自分に嫌悪感を持っている場合であったり，家族から復職を急かされている場合などがあります。

　安全な通勤・就業ができるかも当然に重要です。病状や薬の内服内容によって運転操作などが制限される可能性があります（「Case 9　で，車の運転は？」参照）。通勤や就労で車やバイクを使用する場合だけでなく，就業で機械操作や重機などの運転があるような場合には，運転の可否について主治医に問い合わせてください。

　生活リズムが整っているかは，生活記録表で確認します。生活記録表に記録されている起床時間は，就労しているときと同じ時間になっているか，昼寝をしていないかも重要なポイントです。

　体力・集中力の回復，コミュニケーション能力の回復は生活記録表で確認し

つつ，具体的に何をしていたかを確認します。詳細は 2-6-2 を振り返ってください。休職中の定期面談の中ですでに話題に出ている事項ですが，復職の判定の面談であらためて確認し，懸念事項が残っていないかを振り返りましょう。

疲労回復・継続性も重要なポイントです。数日なら活動性高く過ごすことができたとしても，無理をしている状況ではいけません。できれば 2 週間ほど継続できていることを確認しましょう。

再発防止策は立てていますか（2-6-4 参照）。メンタルヘルス不調になったこと自体は残念な出来事だと思いますが，筆者としては不幸な出来事としての認識だけではなく，休職したことによる学びもあってほしいと思います。具体的には，休職を契機にご自身として働くこと自体や働き方を振り返り，職場や家族の人たちとの関係を見つめなおす期間になっているかどうか。また，今後同じような事態が発生した場合に再び不調にならぬよう回避できる力を本人に身につけてもらいたいと思います。メンタルヘルス不調になった理由はさまざまですので，再発防止策が立てられているかを確認しましょう。その際は，一方的に本人が悪いという形にならぬように留意してください。

復職場所・業務内容は，確認されていることと思います。単に配属先を決めるということではなく，元職場であっても新たな職場であっても，不調者の就業能力や納得感に問題がないかを確認しておきましょう。「まずは復職してくれたら。復職してから少しずつ仕事に慣れてくれればよいから」というような具体性に乏しい形で復職すると，お互いに期待するものがすれ違い復職後にうまくいかなくなる可能性が高くなります。

主治医の同意は，いつから就業可能という文言の入った診断書として確認します。2-6-5 も参考にしてください。

家族の意向確認は，おおむねメンタルヘルス不調者から間接的に確認します。「Case28　家族が前面に立つ」のような場合もありますので，就業はあくまで本人と会社とで話し合うものという枠組みの中で，不調者の家族にも気を配る姿勢があればなおよいでしょう。

休職満了時点で回復が不十分な場合については，コラム「休職期間を延長すべきか」を参照してください。

2-7-2　復職時に提出を求めるべき書類，作成する書類

　休職している人が復職を申請する際に，少なくとも会社が提出を求める書類は，復職申請書と主治医記載の復職可能と記載された診断書の2点です。

　復職申請書は，休職している従業員が復職をする際に休職者本人が記入する書類です。復職届，復職願などの名称を使う会社もあります。必要な項目は，休職期間と休職事由，復職事由，復職予定日です。病気休職に限定した復職申請書を使う会社もあれば，育休や介護休業と同じ様式を使う会社もあります。

　復職時に作成する書類をあげます。産業医が面談をした場合には産業医意見書（図表2-13）を発行してもらい，産業医から就業の可否判断と，復職可の場合には就業の制限・配慮の有無を記載してもらいます。状況によっては，復職後も体調が悪い場合に，再休職を判断する要件（ストップ要件）を決めておくほうが望ましい場合もあります。

　人事担当部署は，本人に復職許可通知を発行します。復職申請書と復職許可通知を1枚の紙にまとめておくこともできます。

　言うまでもありませんが，メンタルヘルス不調者にいつ，どのような形で復職してもらうかの最終判断は，人事が主幹です。時に，主治医や産業医が復職可能と考えつつも，会社は復職が難しいのではと考えるような場合があるかもしれません。会社として従業員にあるべき姿を強く求めることも大切ですが，主治医や産業医との考えの差がどこから生まれたのか，それぞれの意見が第三者からみて順当なものなのかを振り返り，それぞれとコミュニケーションをとることが望まれます。なお，復職の判断に食い違いが生じた場合の法的な対応については，3-6を参考にしてください。

2-7-3　就業配慮事項と期限を明確にする

　就業の制限・配慮について，メンタルヘルス不調者の場合，最初は残業・休日出勤禁止で復職し，3〜6か月かけて就業制限を解除する形が望ましいでしょう。復職支援プランという形で，復職面談の際に本人と確認します。

　一方で，何度も不調を繰り返している場合などでは，就業制限や就業配慮が長期化・永続化することが避けられない場合もあります。そのような，社内制

図表2－13 > 産業医意見書（サンプル）

○年 ○月 ○日

○○株式会社　人事部　ご担当者様

産業医意見書

○○株式会社　産業医　○○　　　印

署名欄　意見書を担当部署と共有することに同意します

所属部署	社員番号	氏名	性別
経理課	123456	○○　○○	男

目　的	新規　　変更　　解除
理　由	健康診断　長時間労働　ストレスチェック　復職　健康相談
就業の可否	可　　　条件付可　　　　不可
産業医意見	<意見> ・残業禁止，休日出勤禁止 ・出張禁止 ・通勤，就労時間中の車の運転は禁止
留意事項	・体調が回復しており，就業の体力・集中力の回復を確認しました。 ・主治医からの指導があり，車両の運転を禁止しています。 ・定期的な通院時間の確保をお願いします。 ・顔色が悪い，遅刻する，連続して会社を休むなどの状況があれば 　ご一報ください。
面談実施日	○年　4月　1日
上記の措置期間	○年　4月　1日　～　○年　5月　1日
今後の方針	定期的に産業医面談を行いながら，3カ月を目途に就業制限を 解除する予定です。
決定した措置内容 （人事部記載）	■上記意見と同様 □産業医意見と異なる措置（異なる場合は対応と理由を記載）

※　内容について不明な場合，上記の措置内容に変更希望がある場合は産業医までご連絡ください。

※　ご本人が異動された場合，この意見書を異動先の職制にお渡しください。

度に沿って別途検討する事項があります。「Case11　パフォーマンスを出して
ほしい」を参照してください。

2-8　復職後のフォロー

　この項目では，メンタルヘルス不調者が復職した後にどのように対応するか
をお伝えします。

2-8-1　復職後も定期的に面談することが大切

　復職を果たすまで丁寧に対応しているときほど，復職がゴールのように感じ
てしまいますが，復職はあくまで新たなスタートです。

　復職後3日，3週間，3か月，6か月の4つが重要な時期です。

　3日は，まず復職に慣れるための第1ステップです。周りから復職したこと
を認識されるようになります。朝礼などで復職した人がどのような挨拶をする
か，「久しぶりだけど元気になったの？」などと周囲の人から声をかけられた
ときの会話ができたかなどによって，周りとの関係性が再構築されます。

　また，復職した人は，パソコンにたまったメールや現在の業務進捗状況，自
身が休職中にしていた仕事がその後どうなっているのかなど，気を張りつめな
がら状況を理解していきます。

　3週間は，本人もいつまでも気を張りつめることができないため，疲労がた
まってくる段階です。力を抜くところは抜かないと疲れがたまる一方になりま
す。直接業務で接する同僚との距離感がつかめるようになってきます。接する
頻度は高くない従業員とも会話をすることが増え，復帰後の仕事ぶりを周囲の
人も理解します。

　3か月（1〜3か月）が経つと，本人や周囲からは仕事をしている状況が当
たり前になり，どの程度の仕事ならば任せられるのかを上司も理解できます。
就業制限・就業配慮を軽減すべき時期ですが，本人にとっては病気になる前よ
りは疲れやすいと感じることもあり，仕事での負荷をどのようにかけるか悩ま
しい時期でもあります。また，活発性や創意工夫をする力といった能力の回復
は不十分に感じることがあります。

　6か月（3〜6か月）が経つと，就業制限・就業配慮を解除し，他の従業員と同様に自己コントロールしながら自身の体調管理をすることを求める時期になります。仕事で求められる能力が不十分な状態で復職をした場合，この時期までに再発・再休職することもあります。順調に仕事ができている場合は，今後の仕事におけるキャリアも考えていくべき時期でもあります。なお，通院・治療は終了していることもありますが，一方で再発防止のために今後も通院を継続するように主治医から勧められていることもあります。

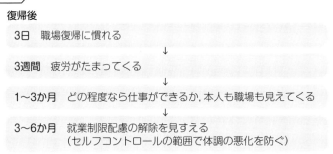

図表2−14　復帰後の流れ

復帰後

3日　職場復帰に慣れる
　　↓
3週間　疲労がたまってくる
　　↓
1〜3か月　どの程度なら仕事ができるか，本人も職場も見えてくる
　　↓
3〜6か月　就業制限配慮の解除を見すえる
　　　　　（セルフコントロールの範囲で体調の悪化を防ぐ）

　産業医がいる場合には，復職後も定期的に面談をしてもらい，本人の体調や病状，本人の考えていること，仕事をする力，就業制限・就業配慮が適正な状態かを判断してもらうことができれば，よりスムーズな対応になるでしょう。産業医がいない場合などであっても，上記の視点をもって上司がヒアリングすると気づきがあるのではないでしょうか。

2-8-2　復職後に発生する課題は重要な振り返りの機会

　復職をしてから，本人や職場に課題が発生することがあります。例えば，仕事をする力が思ったように回復してこない，人間関係で再度トラブルが起こるといったことがあり得ます。

　このため，責任ある仕事を与えにくいことや，就業の配慮が長期にわたらざるを得ないこと，職場内や同僚からの不平等感，疲労などを引き起こすことがあります。法的な対応は4-4「復職後の問題行動」で説明することになりま

すが，まずは復職した人と上司との間で現状を話し合い，人事担当者や産業医にも事態を共有することが大事です。

なお，EAP（2-9-5を参照）の活用や，復職後のリワーク機関への訪問，ジョブコーチの支援を受けるなど外部機関を活用することも，課題の共有と対処方法を見つける一助になることもあります。

COLUMN

アイメッセージ，ユーメッセージ

アイ（I）メッセージとユー（You）メッセージという言葉をご存じでしょうか。日本語は主語がはっきりとしない言語ですので，少々わかりにくいですが，アイメッセージとは主語が私の言葉で，ユーメッセージとは主語が相手の言葉です。

例えば，進捗報告を依頼していたのに報告が上がってこないときに，ユーメッセージを使えば，「（あなたは）なぜ報告に来ないの？」という言い方になります。一方で，アイメッセージを使えば，「進捗報告を（私は）待っていたんだ。決まったときまでに報告してくれれば（私は）助かるんだけど」という言い方になります。

ほめるときだと，ユーメッセージは「（あなたは）よく頑張ったね」となり，アイメッセージだと「きみのおかげで（私は）助かったよ」となります。

どちらのほうが丁寧に聞こえますか？ ユーメッセージは相手のことを決めつけている要素が強くなるので，その分ぶっきらぼうに聞こえたり，上から目線が強く出る傾向にあります。

同じことを話しても，伝え方で相手の受け取り方は大きく変わります。どんなときでもアイメッセージを使ったほうがよいとは言いませんが，ユーメッセージで会話することが多いと感じる方は，アイメッセージを意識してみてはいかがでしょうか。

2-9　復職の際に検討すべきオプション

この項目では，メンタルヘルス不調者の職場支援に関連した社内外の制度をご紹介します。

2-9-1　復職判定委員会

　復職判定委員会という制度を設置している会社があります。復職判定委員会とは，復職を1名の人事担当者に依存するのではなく，チームとして復職の可否を検討する場です。

　メリットは，複数の担当者が関わることで，多面的に判断することができますし，1人の担当者に依存しないことから人事異動などがあっても判断にぶれが生じにくくなります。デメリットは，復職判定委員会を経由することで，復職までに時間がかかることがあげられます。デメリットを少なくするため，例えば休職以前に復帰する予定の従業員は対象外とする，休職期間満了まで3か月を切った人のみを対象にするなどの工夫も可能です。

　メンタルヘルス不調者のみを対象とする企業もあるようですが，病名で対応に差をつけることに明確な説明がつけづらいのではないでしょうか。身体の病気であっても長期休職している場合は，復職後の体調管理や就業制限・配慮など検討すべき事項がある点は変わりません。

2-9-2　試し出社

　行政が発行する復職支援の手引き（2-1-2参照）では，3種類の試し出勤制度が例示されています。試し出勤とは，いずれも「復職前（＝仕事をしていない状態）」でのトレーニングです。なお，手引きでは，「出勤」という言葉が使われていますが，勤務しているわけではないので，ここでは出社という言葉を使用します。

模擬出勤…勤務時間と同様の時間帯に模擬的な軽作業を行ったり，図書館などで時間を過ごす

通勤訓練…自宅から職場の近くまで通勤経路で移動し，職場付近で一定時間過ごした後に帰宅する

試し出勤…復職の判断等を目的として，本来の職場などに試験的に一定期間継続して出社する

　いずれも2-2-4の3ステップ目や，2-6でのトレーニングの方法であり，

これらにより体力や集中力が回復しているかを確認できます。

注意点として，あらかじめルール（制度を適応する期間や，トレーニングを中断する場合の状態，トレーニングを中断した場合の取扱い，休職期間満了との関係など）を明確にしておかないと労働トラブルになりかねないこと，就業ではないことから労災補償の対象外となりうるので，事故が発生した場合には公的な補償が使えない可能性が高いことがあげられます。

試し出社（別名，職場リワーク）は，他の２つの制度以上に注意が必要です。休職しているメンタルヘルス不調者が会社でどのような行動をするかを確認することができるため，復職後に仕事ができるかについて判断材料を増やすことができますし，慣らしの意味合いが含まれるので復職を段階的に行うことができます。しかし，会社の中に復職をしていない人が入ってくる形はいろいろと課題を引き起こしやすい状態でもあります。課題として以下のようなものがあります。

⑴　仕事ではない

仕事をするとそれは復職であり，賃金支払の対象になります。

何をして会社内で過ごしてもらうか明確にしてから実施しないと，本人が疎外感を持つだけになります。とはいえ，過去の判例（NHK名古屋放送局事件・名古屋高判平30.6.26労判1189号51頁）では，「当該作業が使用者の指示に従って行われ，その作業の成果を使用者が享受しているような場合等には，当該作業は，業務遂行上，使用者の指揮監督下に行われた労働基準法11条の規定する『労働』に該当するものと解され，最低賃金法の適用により，賃金請求権が発生するものと解される。」という判決もありますので，試し出社中の賃金支払については随時顧問弁護士に相談されることをお勧めします。

⑵　上司や周囲の負担

仕事をしていない人が同じ職場にいることの違和感があります。

また，就業できるかの評価を任されるわけですから，監視的な意味合いが含まれてしまいます。日誌などの確認も必要になり，職場の負担感を生じます。

(3)　実施期間

　短すぎると評価ができませんが，長すぎると試し出社と就業との線引きがあやふやになりがちです。少なくとも期限を決めて実施する必要があります。明確な理由はありませんが，感覚的には 1 〜 2 か月以内で設定する企業が多いのではないかと思います。

　なお，過去の判例（前掲・NHK名古屋放送局事件：名古屋地判平29.3.28労判1161号46頁）では，「一律24週間とした期間について長すぎるようにも思われる」としつつ，「期間が長いからと言って……テスト出局の期間の合理性を否定すべき根拠まではないというべき」という判断が下されています。

2-9-3　リワーク

　リワークでは会社の代わりに，リワーク施設と呼ばれる場所に訪問し，休職者が 1 日を過ごします。リワーク施設内ではいろいろなトレーニングを行っています。休職している人が集まる施設ですので，休職した理由の振り返りや復帰後の再発防止策などについて他の人の意見を参考にしながら考えることができる点は大きなメリットです。また，認知行動療法などの心理療法を学ぶことができます。

　リワークには，公的なリワークと民間のリワークがあります。公的なリワーク（別名，職リハリワーク）は，独立行政法人高齢・障害・求職者支援機構により各都道府県 1 か所以上設置されている地域障害者職業センター内で実施されています。「障害者」と名前がついていますが，特に障害者手帳の有無は問われません。費用は無料（労働保険料が間接的に活用されている）です。期間は 3 〜 4 か月が一般的ですが，各都道府県のリワークにより若干の差があります。利用条件は，本人・主治医・会社の 3 者の同意が必要です。

　民間のリワーク（別名，医療リワーク）は，医療機関内で行います。実施している場所については，日本うつ病リワーク協会のホームページが参考になります（＊ 1）。具体的なプログラムと実施期間は施設によって異なります。いま通院している主治医のもとでリワークを受けることができればよいですが，リワークを併設していない医療機関が大多数です。民間のリワークでは多くの場合，主治医変更が必要になりますので，その点に注意が必要です。また，健康

保険を活用しますので，メンタルヘルス不調者が費用の一部を自己負担する形
になりますが，すでに自立支援医療を活用していることが多く，それほど高額
にならないでしょう。

　リワークプログラムは，従来複数回休職した従業員を対象としたプログラムと
いうイメージが過去にはありました。しかし，リワークプログラムを受講したか
否かで，復職後の就労継続割合に大きな差が出たというデータがあります（＊2）。
このため初回の休職者であってもリワークプログラムを受講してもらうほうが
望ましいのではないかと筆者は考えています。

　なお，居住地からの距離など諸事情があってリワークに通所できない場合に
は，セルフワークができる書籍もあります（＊3）。

2-9-4　リハビリ勤務

　リハビリ勤務（別名，トライアル勤務）とは，「職場復帰後＝仕事をしてい
る状態」に一定の就業上の配慮を与え，労働負荷を軽くした状態から段階的に
もとの負荷に戻す配慮のことを指します。特に，1日8時間の勤務よりも短時
間で職場復帰をする際に，この言葉を使う会社が多いようです。

　リハビリ勤務制度は，試し出社制度とは異なり，就業し賃金を支払うことに
なります。短時間勤務をしてもらう場合には，給与計算をどのようにするか，
賞与などの査定をどうするかといった賃金に関する取り決めや，業務評価をど
のようにするかなどを定めておく必要があります。給料をもらうと傷病手当金
の支給はなくなる一方で，労働時間によっては給料のほうが傷病手当金を下回
ることもありますので，その点をメンタルヘルス不調者とも確認しておくこと
が必要です。

　リハビリ勤務は，事前にスケジュールを立てて行うことが望ましいでしょう。
例えば，最初は，12時までの勤務，次は15時まで，最後に定時までといった形
です。不調になった場合は早退するなどの臨機応変さは必要ですが，そもそも
スケジュールを立てずに，「今日は調子が悪いから，午後からの勤務に変更する」
などの対応をとることは，逆に体調を整えにくくする可能性があります。

　また，残念なことにリハビリ勤務中に体調を崩すことや，再休職に至らない
までもパフォーマンスが上がらないことがあります。このため，リハビリ勤務

制度の活用に一定の期限を設け，本復帰を希望する際には，再度関係者内で職場復帰できるか否かの判断を，事前に基準を本人に明示した上でリハビリ勤務を開始することをお勧めします。

　一定の期限とは，1～3か月ぐらいでしょう。基準は，リハビリ勤務期間中のスケジュール遵守率などが定番です。スケジュールが遵守できていてもパフォーマンスが不良の場合など悩ましい状況については，弁護士に相談することをお勧めします。

　なお，どの程度の体調回復をもってリハビリ勤務を了承するかというのは悩ましい問題です。日中の活動性が半日程度しか回復していない状況でリハビリ勤務を開始すると，半日勤務は可能であっても，その後に段階的に勤務時間を増やすことが難しいと感じることが経験上多くあります。このため，たとえ半日勤務から開始する場合であっても，1日就労できると考えられるまで体調を回復させることが望ましいでしょう。なお，石嵜信憲弁護士は自著にて復職にあたり業務量の調整や残業・休日出勤・出張の制限などの配慮は行っても，所定労働時間を変更するような配慮はすべきでないと言及しています（＊4）。

2-9-5　EAP

　EAPとは，Employee Assistance Programのことで，従業員の心の健康の問題を相談できる外部機関のことで，会社が契約します。対面・電話・メールなどの相談窓口を設置する形が多く，社内のスタッフに知られずに相談をしたいという従業員のニーズに応えることができるのがメリットです。また，復職支援や社内の緊急対応（大事故や自殺などが発生した場合に，周囲の従業員への影響を最小限にする）をカバーする機関もあります。種々の機関がありますが，主要な機関として，日本EAP協会の情報が参考になるでしょう（＊5）。

2-9-6　ジョブコーチ

　ジョブコーチとは障害者の就業にあたり一定の知識を持つ人のことで，ジョブコーチが障害者を支援することで職場定着や適応を図ることを目指しています。細かくは，配置型，訪問型，企業在籍型に分けられますが，ここでは地域障害者職業センターに在籍し，企業に訪問する配置型といわれるジョブコーチ

について説明します。

　対象は障害者（身体・精神・知的）で，標準２〜４か月間の支援期間です。求職者・在職者（職場適応支援）でも活用できる制度です。障害者自身に対する支援だけでなく，事業主や職場の従業員に対して障害者の職場適応に必要な助言を行ってくれます。第三者の立場から課題を抽出し，客観的な助言がもらえる点がメリットでしょう。

　過去の判例で，障害者の退職にあたり，ジョブコーチを活用しなかった点が事業主の合理的配慮がなされていないことの一事由とされたものもあります（Ｏ公立大学法人事件・京都地判平28.3.29労判1146号65頁）。障害者雇用の拡大に伴い，今後はさらにジョブコーチの支援の重要性が高まる可能性があります。

＊１　一般財団法人日本うつ病リワーク協会「リワーク施設一覧」
　　　http://www.utsu-rework.org/list/index.php
＊２　五十嵐良雄「リワークプログラムの現状と課題」日本労働研究雑誌2018年６月号
　　　62〜70頁
＊３　佐々木規夫監修『メンタル不調者のための脱うつ書くだけ30日ワーク』（日本能率協会マネジメントセンター，2019年）
＊４　石嵜信憲編著『健康管理の法律実務（第３版）』（中央経済社，2013年）351頁
＊５　日本EAP協会
　　　http://eapaj.umin.ac.jp/

COLUMN

中途採用者のメンタルヘルス

　中途採用者は会社から即戦力を求められます。一方で，会社の仕事の進め方や社風に差があるため，中途採用の従業員にとっては前職の経験をどの程度活かすことができるかは未知数です。

　新卒採用を主体としていた大〜中規模の会社であっても，中途採用が以前ほど珍しいものではなくなってきていますので，中途採用社員は明日から「年次相応の仕事ができる」といった過度な期待は少なくなってきました。しかし，今も中途採用者が持つスキルと会社が求める業務レベルとのギャップが原因となり苦しむ人がいます。これは特に業務を限定していない，いわゆるメンバーシップ型の雇用をする会社で顕著で，中途採用者にしてもらいたい業務が明確になっているジョブ型の傾向の強い会社では起こりづらいと感じます。

　難しいところも多々あるのは承知していますが，人材と仕事のミスマッチを防ぐために，その人が学生時代までにつちかってきたものと，就職から入社面接までの間にどのようなキャリアを積み上げてきたかを丁寧に確認していくことが大切です。

第**3**章

復職・退職判定の勘所

　メンタルヘルスに不調を来して休職中の従業員について復職・退職判定に悩む場合も多いと思います。退職と判断すれば紛争になる可能性があり，かといって復職と判断しても，従前の業務を遂行できる可能性が低い場合があります。紛争リスクを避けつつ，円満な着地が必要になります。本章では，実務上問題になりがちな主治医判断の重要性・情報提供の方法・信用性の争い方等について述べていきます。

3-1　復職・退職判定の判断基準

　メンタルヘルス不調による休職における復職・退職判定の判断基準としては，数々の裁判例の基準からすると以下の基準によることになります（なお，産業医の視点は2-7を参照ください）。

- 復職するためには雇用契約の債務の本旨に従った履行の提供が必要である（入社時にもともと予定していた労働力の提供ができるようにならないといけない）。
- 原則として，従前の職務を通常の程度に行える健康状態になる必要がある。（ただし，当初軽易な作業に就かせればほどなく従前の職務を通常程度に行える健康状態になる場合も含む）
- 従業員が職種や業務内容を特定せずに労働契約を締結した場合においては，現に就業を命じられた特定の業務について労務の提供が十全にはできないとしても，その能力，経験，地位，当該企業の規模，業種，当該企業における労働者の配置・異動の実情および難易度等に照らして当該労働者が配置される現実的可能性があると認められる他の業務について労務を提供することができ，かつ，その提供を申し出ているならば，なお債務の本旨に従った履行の提供があったといえる（片山組事件・最判平10.4.9労判736号15頁）。

3-2　復職・退職判定における主治医診断の重み

　では，復職・退職判定における主治医診断をどう位置づけたらよいのでしょ

うか。一部の企業担当者が「主治医はうちの会社の業務内容はよくわかっていませんから，産業医診断があれば復職させず解雇してもよいですよね」等，主治医診断を軽視する場合がありますが，紛争に発展した場合，主治医診断の信用性を否定することは容易ではありません。

産業医は会社の業務内容を知る立場にあり，厚生労働省作成の「心の健康問題により休業した労働者の職場復帰支援の手引き」（以下，本章で「職場復帰支援の手引き」といいます）も産業医を中心に行うことを前提としていますが，一方で主治医は患者である従業員の個人情報を知り得る立場にあり，かつ継続的に診察をすることで健康状態を知る立場にあります。

「職場復帰支援の手引き」は，あくまでも復職支援のためのものであり，復職・退職判定のためのものではありません。そのため，主治医が「復職は可能です」と診断した場合，この診断を無視することは非常にリスクがあります。産業医が「現時点で復職は相当ではない」，主治医が「復職は可能です」と判断が分かれたとしても，裁判所が主治医診断を優先して採用する場合も多いです。

3-3　復職・退職判定の際の主治医面談・情報提供の必要性

「主治医は患者である従業員の言うことをそのまま診断書に書く傾向があるので，産業医意見のみで復職の可否を決めてもよいでしょうか」と質問されることがありますが，主治医に全く意見も聞かず解雇もしくは退職扱いをすることは違法となる可能性が高いです。

これは「職場復帰支援の手引き」には記載されていませんが，以下のJ学園事件（東京地判平22.3.24労判1008号35頁）において判示されてからは半ば不文律として確立されており，会社から積極的に主治医に対して情報収集に行かなければなりません。

> 被告は，原告の退職の当否等を検討するに当たり，主治医であるA医師から，治療経過や回復可能性等について意見を聴取していない。これには，F校医が連絡しても回答を得られなかったという事情が認められるが，そうだとしても（三

88

者面談までは行わないとしても），被告の人事担当者であるM教頭らが，A医師に対し，一度も問い合わせ等をしなかったというのは，現代のメンタルヘルス対策のあり方として，不備なものといわざるを得ない。

COLUMN

休職制度はなくてよいのか

「休職制度はなくともよいのでしょうか」とよく質問を受けます。

私の答えは「法律上，休職制度はなくともよいですが，でも結局は同じですよ」と答えます。なぜでしょうか。

休職制度は法律上制定を義務づけられておりません。それどころか労働基準法にも労働安全衛生法にも労働契約法にも「休職」という言葉はどこにもないのです。あくまでもこれまでの日本の実務慣行上設けられた制度に過ぎないのです。

となれば，休職制度は設けなくとも問題がなさそうな気がします。ではなぜ休職制度を設けても設けなくとも同じなのでしょうか。

労働契約法16条には以下の規定があります。

（解雇）
第16条　解雇は，客観的に合理的な理由を欠き，社会通念上相当であると認められない場合は，その権利を濫用したものとして，無効とする。

休職というのは別のコラムでもご紹介いたしましたが，法律上は解雇猶予に当たります。となると休職期間が満了しても体調が回復せず，復職できない場合は解雇をすることになる場合もあります。ちなみに休職期間満了時に復職できない場合，自然退職扱いをすると就業規則に定めていますが，こちらも法的には解雇と同じ扱いを受け，上記労働契約法16条が適用されます。

この労働契約法16条では，解雇が有効となるには「客観的に合理的な理由」と「社会通念上の相当性」が必要であると定めています。

要するに裁判所が考える社会常識に照らして合理的な理由があるかどうかを判断をするということになります。

となると，例えば交通事故に遭ってしまい３か月欠勤するとします。社長さんが「うちは休職制度がないからクビだよ」と言って解雇をした場合はどう判断されるでしょうか。

「休職制度がないからといって，まったく体調の回復を待ってあげないのはあまりにも酷すぎる。3か月くらいは待てるだけの経営的な余裕はあったはずだ」と判断して解雇を無効と判断するでしょう。

要は最終的には社会常識で判断されるとなるのであれば，病気になって休むからといってすぐ解雇をすることはできないのです。

そのため，私は冒頭で「法律上，休職制度はなくともよいですが，でも結局は同じですよ」と回答したのです。

3-4　主治医面談の際の注意点

3-4-1　主治医面談は可能

「個人情報保護の観点から会社と主治医の面談はそもそも可能ですか」と聞かれることが多いですが，患者である従業員が同意もしくは同席すれば可能です。また，主治医も多くの場合患者である従業員が同席すれば会社担当者との面談に応じます。そのため，本人同席の上で主治医面談ができるように調整する必要があります。

3-4-2　できれば対面での面談がよい

デジタル情報全盛の現代社会においてこそ，対面での面談は非常に重要となります。単にその場で臨機応変に問答ができるだけでなく，主治医の顔の表情，ニュアンス，患者である従業員との関係，これまで明らかにならなかった事実等（例えば，実は休職期間中長期入院をしていた）が明らかになることが多いです。主治医との書面のやりとりだけでは，このような情報を得ることは非常に難しいので，できれば主治医との対面での面談をお勧めします。

3-4-3　会社担当者の心構え

主治医面談の席では，主治医を追及したりするような行為は厳に慎むべきです。主治医が非協力的な姿勢に転じかねません。あくまでも復職可能かの判断のための情報提供の協力を主治医にお願いする立場に徹したほうがよいです。

無用な緊張を生まないように弁護士等の第三者もなるべく同席しないほうがよいです（2-2-7を参照）。

3-4-4　主治医に説明・確認すべき内容

(1)　業務内容を説明する

　主治医には，会社の業務内容や従業員が担当していた業務内容について詳しく説明します。業務内容を知ることにより，復職可能という診断書を書いていた主治医が，「その業務内容ではフルタイムで勤務するのは難しい」などと意見を変更する場合があるからです。

(2)　初診日

　いつから通院したのかを確認します。入社前から当該疾患にかかっている可能性もあるからです。ただし，入社前から病気だったことが明らかになれば，業務と病気の関連性がないことを裏づける事実になることもあります。

(3)　薬の種類と量，履歴

　薬の種類等がわかれば，インターネットなどで効用や副作用を調べることができます。産業医に薬の情報を伝え，どの程度の病状なのかをある程度推察することもできます。

　メンタルヘルス問題は，処方している薬には主治医の本音が現れます。診断書には同じように「就労可能」と書かれていても，実は内情はさまざまです。病状を推察するうえで薬を知ることは非常に有効ですから，必ず確認するべきです。

(4)　フルタイムで働けるかどうか

　本人の業務内容を十分に説明したうえで，フルタイムでその業務に就いても大丈夫かどうか，主治医の判断を仰ぎます。

(5)　復職後は何に気をつけるべきか

　残業はさせないほうがよいか，もとの業務に戻してよいかなど，会社が留意

するべきことを確認します。主治医が述べた点に配慮しておけば，会社が過重な業務をあえて負わせて，病気を再発させたなどと後で主張される可能性に備えることができます。

　また，会社が主治医の見解に従って就労環境を配慮したにもかかわらず再発を繰り返した場合は，会社としてできることはすべて行ったと言うことができ，将来やむを得ず退職してもらう際の重要な根拠になります。

⑹　記録の残し方

　主治医面談の内容は紙のメモで保存したり，議事録形式にまとめることでもよいので，何らかの形で保存する必要があります。後に有力な証拠となります。主治医の協力が得られるのであれば，不幸な誤解がお互いに生じないために面談内容を文書にまとめてFAXやメール等で送ってみてもらうことも可能であると思われます。

COLUMN

休職期間を延長するべきか

　就業規則に休職制度の定めがあれば，休職期間も特定の期間を設定していることが多いと思います。短い場合は3か月，場合によっては1か月の場合もあると思います（2-2-5参照）。

　このような比較的短い休職期間の場合，休職期間満了時に復職できるかどうか判断が難しい場合が多いと思います。もしくは，現在は復職できないけれども，本人の復職意欲が強く，将来復職できる可能性があるのではないかと思われる場合もあります。

　このような場合に悩むのが「休職期間は延長するべきか」という問題です。

　ここで2つの考え方があります。1つは「就業規則に期間の定めがあれば延長するべきではない。延長すれば，他の事例にも波及する」という考え方です。

　もう1つの考え方は「就業規則に期間の定めがあっても，場合よっては延長するべきである。可能な限り本人にチャンスを与えるべきだ」という考え方です。

　どちらが正解ということはないのですが，私は後者をお勧めします。もちろん無制限に延長はできないのですが，きちんと「本来は期間満了で退職なのですが，一度だけ延長します。その間，体調を整えるように努力しましょう」と説明をし

た上で，延長をすることで本人も「次はないのだな」と覚悟ができますし，「会社に配慮してもらっている」という自覚が生まれます。

　もちろん，休職を延長することで体調が回復をして復職できれば，それに越したことはありませんが，労働事件で円満に解決できる場合のパターンの1つに最後に従業員の方が「これ以上会社に迷惑をかけられないので退職します」とおっしゃるケースがあります。日本社会の文化では「人に迷惑をかけない」という価値観が重視されます。会社の配慮が伝われば自然と解決につながることになります。

　休職期間の延長期間ですが，「心理的負荷による精神障害の認定基準について」（基発1226第1号平成23年12月26日）において，「療養期間の目安を一概に示すことは困難であるが，例えば薬物が奏功するうつ病について，9割近くが治療開始から6か月以内にリハビリ勤務を含めた職場復帰が可能となり，また，8割近くが治療開始から1年以内，9割以上が治療開始から2年以内に治ゆ（症状固定）となるとする報告がある。」とありますので，休職期間としては通算6か月から1年となるように延長することも1つの方法です。

3-5　主治医診断の信用性

　主治医が復職可能と判断しているにもかかわらず，どうしても会社が退職扱いや解雇をせざるを得ない場合があり得ます。その場合，主治医診断を争わざるを得ません。筆者の経験と主治医診断の信用性が否定された裁判例から，以下のような観点で主治医診断の信用性が判断されることになります。

3-5-1　前提事実の認識欠如を指摘する

　主治医は産業医等と異なり，会社の業務やリワークプログラムの実施状況を十分に理解しているとは限りません。「復職は可能です」との診断内容があったとしても，重大な前提事実を認識していない場合は，その信用性に疑問符がつくことになります。

　例えば，東京電力パワーグリッド事件（東京地判平29.11.30労経速2337号3頁）では，患者である従業員のリワークプログラムの出席状況が50％を割ったり，連絡が取れなくなるなどしており，就労可能であるか危ぶまれる状況であった

にもかかわらず，主治医はリワークプログラムの評価シート等を認識しておらず，前提事実の認識欠如があり信用性に疑問があると指摘しています。

> 同医師の就労可能という見解〔書証略〕は，リワークプログラムの評価シートを参照しておらず，リワークプログラムに関与した医師の見解等を踏まえていないものである上，患者の職場適合性を検討する場合には，職場における人事的な判断を尊重する旨述べていること等の内容自体に照らし，必ずしも職場の実情や従前の原告の職場での勤務状況を考慮した上での判断ではないものである。

また，日本通運事件（東京地判平23.2.25労判1028号56頁）では，患者である従業員が会社に対して多数の名誉毀損行為を行っており，会社と従業員の信頼関係が深刻に悪化していたにもかかわらず，主治医はそれを知らず復職可能であると判断しており，主治医診断の信用性に疑問符がついています。

> D医師は，原告が被告会社に送付した多数の名誉毀損ともいうべき手紙の存在と内容を詳しく知っていたと認めるべき証拠がない。原告と被告会社との信頼関係が失われた原因は，主に，原告が本件異動内示に対し，これに問題は認められないのに強い拒否反応を示して，被告Cを犯罪者呼ばわりするなど激しい調子で非難・攻撃を繰り返すなどしたところにあると考えられるのであり，そのことを踏まえたうえでなければ，原告の復職可能性を適切に判断することは困難といわざるを得ない。

3-5-2　単に患者の言うとおりに書いただけである点を指摘する

会社が主治医と面談をすると，主治医が意外な本音を明かしてくれることがあります。主治医も職業的な良心と患者の要望との間で揺れ動いていることが多く，「医学的にどうのこうのということよりもご本人の強い要望があったので，復職可能と診断しました。後はご本人と会社の方で話し合っていただけますか」と患者本人が同席していても率直に言うこともあります。このような主治医診断の信用性には強い疑問符がつきます。

コンチネンタル・オートモーティブ事件（横浜地決平27.1.14労経速2244号3

頁）においても「主治医の平成26年10月27日から通常勤務に問題がない旨の診断書は，債務者〔筆者注：会社〕から債権者〔筆者注：従業員〕に対し，休職期間満了の通知が届き，『焦って目が覚めたと言ってきて，会社に戻りたい，頑張ろうと思う』との話があったため，希望どおりに書いたというものある〔書証略〕。これは，医学的に軽快したということが理由になっているのではなく，債権者の強い意向によることが理由と考えざるを得ない」と判断し，主治医診断の信用性に疑問を呈しています。

3-5-3　短時間での変遷を指摘する

3-5-1，3-5-2と重複する点がありますが，例えばある医師が2018年12月28日に「2019年1月1日から2月末日まで休業加療を必要とする」と診断書を書きながら，2019年1月9日に「2019年1月10日から就労可能である」と診断書を書く等短時間で診断書の内容が急変する場合があります。わずか10日前後で見解を事実上撤回してしまうのであれば，患者である従業員の健康状態等に何らかの急激な変化がある等の前提事実の変化がなければ，非常に不自然となります。短時間での変遷は主治医診断の信用性に重大な影響を与えます。独立行政法人N事件（東京地判平16.3.26労判876号56頁）でも以下のとおり，主治医の意見の変遷とその理由を問題視しており，信用性を否定する材料の1つとなります。

C医師は，平成14年2月15日の時点で，同年3月末日まで休務加療が必要であるとの診断をしていながら，同月1日に復職が可能との平成14年3月診断書を作成した理由として，Sが原告を早期に受入れなかったことによるものであると回答しているが（前記〔略〕），Sの復職に対する対応により，原告の症状に対する診断が変わるというのは不可解である（復職のための訓練と復職の可否は，別問題であり，この回答によれば，C見解は，復職のための職場訓練をSに要請する趣旨にすぎないと解される）。

3-5-4　主治医診断の矛盾点・不自然な点を指摘する

主治医診断に矛盾点・不自然な点がある場合もあります。例えば，独立行政

法人N事件では，次のとおり主治医診断の不自然な点を指摘して復職可能とする主治医診断を採用しませんでした。

まず，用語の使い方がおかしいことについて「C医師は，平成15年2月3日，I弁護士から，A弁護士に対して，症状固定で治っていない旨発言したか確認された際，症状固定とは治っていることであると答えているが（前記〔略〕），このような考え方は，通常の症状固定の用語法と一致しない」と判断しました。このような主張ができたのは，主治医と間接的にせよ意思疎通を図ることができたためです。

また，原告が当該法人以外で勤務をしており，その際の勤務状況が問題となっているにもかかわらず，主治医が全く同じ文言の診断書を継続して作成しており，その点を以下のとおり問題にしています。

> C医師は，平成14年3月診断書，平成14年5月診断書の外，平成14年11月診断書，平成15年1月診断書で，いずれも「現時点で当面業務内容を考慮した上での通常勤務は可能である」と診断しているが，その間も原告はE社での勤務を継続していたのであり，C見解のとおり，E社での勤務実績を重視するのが相当であるならば，10か月の間に作成された4通の診断書の診断内容が同一であるのは不自然である。

主治医によっては，患者である従業員の担当業務が変わっているにもかかわらず，同じような診断書を1文字も変えず作成することがありますが，主治医診断書の信用性を争う際に指摘する重要なポイントとなります。

COLUMN

就業規則を守らない休職命令

「就業規則を守らない休職命令」といっても何のことを指しているのか意味がわからないと思います。

従業員が「就業規則を守らない」という話はよく聞くのですが，実は会社も「就業規則を守らない」ことが多いのです。

就業規則には「休職事由」（休職になる場合），「休職期間」の2種類が記載さ

れていることが多いのですが，これがいざ使うとなると邪魔になるのです。

　例えば，休職事由によく記載されているのが「私傷病欠勤○日間」という休職の前提となる欠勤期間です。この私傷病欠勤期間が意外と長い場合が多く，中小企業の就業規則でも「私傷病欠勤90日間」等の記載があることも珍しくありません。また，休職期間についても，「6か月」ならまだ短いほうで中小企業であっても，「1年」や「1年半」の休職期間をよく見かけます。

　ところがいざ休職命令を発令すると，この就業規則に記載している前提となる欠勤期間や休職期間を守らず，独自の判断で短縮して休職の運用をしているのです。

　このような取扱いは違法になる可能性が高いです。就業規則は会社が作成・制定するものですから，自分で作った規則は守らないといけません。

　要するに就業規則を作成・制定する際に，具体的に起きうる休職事例を想定せずに作成してしまっているのだと思います。そのため，「何だ，この休職期間。なんでこんなに長いんだ。うちでは無理だ。3か月にしろ」と判断してしまうのだと思います。

　まずは就業規則を確認して，就業規則のとおり休職命令を発令することをお勧めします。

3-6　産業医判断と主治医診断が異なる場合の対応等

　復職判定の際，会社が産業医に意見を求めることが多いですが，産業医と主治医の意見が異なる場合もまま見受けられます。産業医は医師でありながらも，患者の治療を行うものではなく，専門家として就労可能性や労働環境について意見を述べるものであり通常の医師の診断書とは異なった角度から会社も意見を考慮する必要があります。その場合にどのような観点から産業医の意見を判断すればよいか，本項で記載をしました。

3-6-1　産業医の位置づけと役割

(1)　産業医とは

　産業医とは，企業等において従業員の健康管理等を行う医師であり，厚生労働大臣が定める産業医研修の修了者など一定の要件を満たした者が就くことが

できます（労働安全衛生法13条 2 項）。

　また，産業医設置は，職場において従業員の健康管理等を効果的に行うために医学に関する専門的な知識が不可欠であるためとされており，法律により，常時50人以上の従業員を使用する事業場においては，事業者は 1 名以上の産業医を選任し，従業員の健康管理等を行わせなければならないこととされています（労働安全衛生規則13条 1 項 2 号）。このような産業医の位置づけ上，産業医は事業者との間で締結した契約に基づき従業員の健康管理を行うものです。

　産業医については，コラム「産業医ってどんな人？」もご参照ください。

(2)　復職判断における産業医の特殊性

　休職中の労働者に対し，勤務先会社から面談を依頼された産業医は，当該会社から当該従業員が復職できるかどうかの医学的判断を求められているのであって，通常の診療行為を行うこと自体が求められているわけではありません。そのため，産業医は主治医とは役割が異なることになります。

3-6-2　復職・退職判定に関する産業医の関わり方

　厚生労働省の「職場復帰支援の手引き」では，復職・退職判定に関する産業医の関わり方として以下の記載があります。

(1)　主治医の判断とは異なる視点で判断するべき

　主治医による診断書の内容は，病状の回復程度によって職場復帰の可能性を判断していることが多く，それはただちにその職場で求められる業務遂行能力まで回復しているか否かの判断とは限らないことにも留意すべきである。また，労働者や家族の希望が含まれている場合もある。そのため，主治医の判断と職場で必要とされる業務遂行能力の内容等について，産業医等が精査した上で採るべき対応について判断し，意見を述べることが重要となる。

　主治医は，治療という観点で患者である当該従業員を診断するため，職場で必要とされている業務遂行能力を前提に職場復帰可能性について適切な意見を述べているとは限らず，産業医は，主治医とは異なる視点で職場復帰可能性に

ついて意見を述べることになります。この点，産業医によっては「主治医の判断を尊重してください」「主治医の判断に従ってください」等と自らの立ち位置を勘案せずに，主治医意見に追従する産業医もいますが，職責を果たしているかは疑問を抱く場合が多いです。

(2) あくまでも復職の判断の主体は会社である

> 「イ 職場復帰の可否についての判断」アの「情報の収集と評価」の結果をもとに，復帰後に求められる業務が可能かどうかについて，主治医の判断やこれに対する産業医等の医学的な考え方も考慮して判断を行う。〔下線は筆者〕

> また，本人の希望のみによって職場復帰支援プランを決定することが円滑な職場復帰につながるとは限らないことに留意し，主治医の判断等に対する産業医等の医学的な意見を踏まえた上で，総合的に判断して決定するよう気をつける必要がある。〔下線は筆者〕

以上からわかることは，産業医は主治医の判断等に対して医学的な意見を踏まえて意見を述べることが求められているものの，あくまでも前記記載の「判断」の主語は会社です。産業医の判断にそのまま従う会社も多いですが，産業医の判断はあくまで参考にとどめるべきであって，復職の判断・決定の主体は会社です。

3-6-3 産業医判断と主治医診断が異なる場合の対応

復職の可否を判断するにあたり，主治医や産業医の判断が重要になってきますが，労働者・主治医が復帰可能と判断しているのに対し，会社・産業医が復帰不可と判断して争いになる事例が見受けられます。

裁判例では，主治医や産業医が作成した診断書や意見書の作成過程や意味内容のほか，休職期間中の労働者の健康状態や職場復帰に向けた取り組み状況等についての事実認定を行ったうえで，職場復帰を認めたもの（キヤノンソフト情報システム事件・大阪地判平20.1.25労判960号49頁）と認めなかったもの（前掲・独立行政法人N事件，前掲・日本通運事件，伊藤忠商事事件・東京地判平

25.1.31労経速2185号 3 頁，日本テレビ放送網事件・東京地判平26.5.13労経速
2220号 3 頁）等があります。

　また，復職の可否を判断するために休職期間中に試し出勤を行い，復職を認
めなかった会社の判断を妥当とした裁判例もあります（前掲・伊藤忠商事事件，
日本テレビ放送網事件）。

(1) 主治医診断の信用性

　主治医が復職可能と判断し，産業医が復職は時期尚早もしくは復職できない
と判断した場合に，主治医診断の信用性が問題となります。筆者の経験と主治
医診断の信用性が否定された裁判例から，次のような観点で主治医診断の信用
性が判断されることになります。

---

① 　主治医の前提事実の認識欠如があるか否か
② 　主治医が単に患者の言うとおりに復職可能との診断書を書いたか否か
③ 　主治医の判断が短時間で変遷したか否か
④ 　主治医診断の矛盾点・不自然な点があるか否か

---

(2) 産業医診断の適格性

　実務では，産業医判断と主治医診断が異なる場合，主治医診断のみならず産
業医診断の信用性および適格性が問題となります。ポイントとなる数点につい
て述べます。

専門分野

　産業医の場合，専門が精神科であるとは限りません。産業医が精神科とは全
く異なる分野の専門医であることも多いです。特に最近は産業医不足が指摘さ
れており，専門が精神科以外の産業医も増えてきているように思えます。しか
し，訴訟では，産業医の専門分野が精神科ではないことが産業医意見の信用性
に影響を与えることはなく，専門分野が判決で記載されることは筆者が知る限
りありません。これは産業医制度自体がそもそも医療行為を行うものではなく，
企業等において従業員の健康管理等を行うことが目的であるため，特に産業医
の専門分野が問題になる前提を欠くからです。

業務についての理解

　産業医が当該会社の業務にどの程度精通しているかについても特に判決で指摘されることはありません。専門家として従業員の健康管理に関与することを役割としているため，当該会社の業務に精通しているかは問われていません。

面談の事実

　産業医診断の適格性，信用性において，産業医と従業員との面談の事実が重視されます。産業医が面談を通じて当該従業員とどのようなやりとりを行ったか，やりとりを通じてどのような判断を行ったかが問題となります。種々のタイミングで複数回の産業医面談を行うことが望ましいと考えます。

　伊藤忠商事事件では，「原告は，本件トライアル出社開始時に既に回復していた事実の立証として，平成22年10月にB₃医師を引き継いで原告の主治医となったA医師の平成23年6月23日付け意見書〔書証略〕を提出した。しかしながら，A医師は，そもそも休職期間満了までに原告を直接診察したことはないから，その意見書は，休職期間中に原告を直接診察・面談したB医師，C医師及びD医師〔筆者注：主治医または産業医〕の診断・意見と比較して，信用性が一般的に低いものと解さざるを得ない」として，面談を休職期間満了までに行っていないことを重視して主治医意見の信用性を産業医意見より低く評価しています。

判断根拠となる具体的な事実があるか

　多くの裁判官は精神疾患について専門的な知識を有していません。そのため，産業医と主治医の診断が異なったときには，どちらの意見がより具体的な事実をもとに合理的な判断といえるかを検討することになります。

　例えば，日本テレビ放送網事件は，主治医が復職可能と判断し，産業医は復職可能と判断はできないと双方意見が食い違った事例ですが，裁判所は下記のような継続的な健康に関わる事実を重視した産業医意見を採用しています。

　産業医が当該従業員の復職面談を行い，その結果復職不可と判断する場合には，それを示すことができる面談結果や具体的なエピソードを持つことが望まれます。また，人事担当者は当該従業員の問題行動や復職が不適と考えられるようなエピソードを把握している場合には，その事実を産業医と復職面談前に共有することが必要でしょう。

　原告の状態は，平成23年において，人事局員と会うのではないかと緊張し吐いてしまう（1月5日），上司と同じエレベーターに乗り合わせるとストレスを感じ食事をとれなくなる（1月28日，31日），昼食を吐いてしまう（2月14日），上司を見かけると小走りに戻ってしまう（3月8日），1人で人事局のある31階やマーケティング部のある28階に行けない（3月9日，10日），人間ドックでG人事部長と会いショックで動けなくなり疲労感が増す（3月24日），誰と会うか分からないため食堂で緊張する（4月8日），人事局員と面談することに不安を抱いて涙を浮かべる（4月14日），人事局員との面談に付添いを必要とし，人事局員が3名以上同席する面談には出られないと言う（7月14日），誰が出席するか分からないという理由で人事局面談に出てくることができない（7月25日），人事局面談に出てきたものの，声を荒げて怒鳴り，こんなんじゃ話しをしても意味がないと腰を浮かせてしまう（11月24日）という状態であった〔書証略〕。これらの状況をふまえ，E医師〔筆者注：E医師は産業医〕は，復職可能という判断はできないとの意見であった〔書証略〕。

前掲・東京電力パワーグリッド事件でも，当該従業員との面談の中でのやりとりや従業員の病識等から就労不能と判断した産業医意見を採用しました。

　D産業医は，上記意見の根拠として，原告が休職期間満了直前である平成26年1月や2月においても，自身の休職事由は逆流性食道炎であると考えており，自己の精神疾患に対する病識が欠如していたこと，原告は，同年1月14日の同産業医との面談の中で，過緊張状態となり，質問が理解できなくなるなど，ストレス対処ができない状況であったこと，同産業医が，原告の理解力や受け止め方に問題があることを重々認識した上で，原告に対し誤解を与えないよう，言葉を選びながら，東日本大震災以降の被告が置かれた厳しい経営環境や，復職にあたって以前より厳しい環境へ身を置くことへの心構えについて慎重かつ丁寧に説明したにもかかわらず，復職を控えるよう言われたと誤解していたことなどを挙げています。

3 - 6 - 4 　復職後の業務をどう決めるか

⑴ 「配置される現実的可能性がある」範囲で配置転換を検討すればよい

　片山組事件最高裁判決（最判平10.4.9労判736号15頁）は以下のとおり復職後
の配置について判断しています。

> 　労働者が職種や業務内容を特定せずに労働契約を締結した場合においては，
> 現に就業を命じられた特定の業務について労務の提供が十全にはできないとし
> ても，その能力，経験，地位，当該企業の規模，業種，当該企業における労働
> 者の配置・異動の実情及び難易等に照らして当該労働者が配置される現実的可
> 能性があると認められる他の業務について労務の提供をすることができ，かつ，
> その提供を申し出ているならば，なお債務の本旨に従った履行の提供があると
> 解するのが相当です。そのように解さないと，同一の企業における同様の労働
> 契約を締結した労働者の提供し得る労務の範囲に同様の身体的原因による制約
> が生じた場合に，その能力，経験，地位等にかかわりなく，現に就業を命じら
> れている業務によって，労務の提供が債務の本旨に従ったものになるか否か，
> また，その結果，賃金請求権を取得するか否かが左右されることになり，不合
> 理です。

　ここで注目するべきは，片山組事件最高裁判決が指摘している「能力，経験，
地位，当該企業の規模，業種，当該企業における労働者の配置・異動の実情及
び難易等に照らして当該労働者が配置される現実的可能性があると認められる
他の業務」というのはあくまでも「現実的可能性」がある範囲であればよいと
の点です。

　例えば，総合職で採用したにもかかわらず，休職から復職する際に，主治医
が「復職可能。ただし，軽易な事務作業のみに従事すべき」と判断した場合に
軽易な事務作業に就かせなければならないのでしょうか。「軽易な事務作業」
とは何を指すのか主治医に確認をした上で，「軽易な事務作業」が本来総合職
では予定していない業務を指すのであれば，軽易な事務作業は前記「現実的可
能性」のある配置転換可能な業務とは言えないので，復職はできないと判断す
ることになります。もっとも，3か月等の短期間のみ軽易な事務作業に従事す

れば本来の総合職の業務に復帰できる可能性があれば，復職可能と判断することも可能です。本人が「私は総合職の仕事はしたくありません。軽易な事務作業しかやりたくありません」と言えば，やはり前記「現実的可能性」のある配置転換可能な業務はないと判断することになります。

　東京電力パワーグリッド事件でも，原告が給電所系統運用グループおよび支社総務部門や工事部門を希望したところ，給電所系統運用グループは三交代制の勤務体系でありかつ緊張を強いられる業務があること，総務部門は技術職が通常配置される職場ではないうえ，さまざまな他部署や社外とのやりとりが要求されること，工事部門においても以前精神疾患により欠勤するに至ったことから現実的可能性のある配置転換可能な業務はないと判断しました。

(2)　会社が可能な限り配置転換先を探したのか？

　前掲・キヤノンソフト情報システム事件は，次のとおり判断をして，サポート部門に配置転換が可能であったと判断しました。裁判所は会社の姿勢について「退職ありきの結論で会社が配置転換先はないと判断したのではないか」と考えた可能性があります。裁判所は，会社が可能な限り配置転換先を探したのか，検討したかどうかを重視する傾向にあるため，会社は退職ありきの結論を持つのではなく，可能な限り配置転換先を探す必要があります。

> 　雇用契約上，原告に職種や業務内容の特定はなく，復職当初は開発部門で従前のように就労することが困難であれば，しばらくは負担軽減措置をとるなどの配慮をすることも被告の事業規模からして不可能ではないと解される上，被告の主張によればサポート部門は開発部門より残業時間が少なく作業計画を立てやすいとのことであり，サポート部門に原告を配置することも可能であったはずである。
> 　この点，被告は，サポート部門は原告自身が向いていないと述べて同部門での業務を嫌っていたと主張するが，その根拠とするところは平成11年当時の自己申告書〔書証略〕であり，これを7年以上経過した休職期間満了時の資料とする価値は乏しく，また休職期間満了時までに被告が他部門における原告の就労可能性を具体的に考慮した事情も窺えない。

COLUMN

復職後の賃金を下げられるか—日本の人事制度・賃金制度を考える

「営業課長が休職期間満了後，復職はしたのですが以前のように仕事ができません。部下の指導はせず，新規開拓もせず，負担の軽い顧客周りしかしません。中途採用で期待して雇用したのですが，期待していた仕事の半分もしておりません。基本給は35万円で役職手当は3万円です。賃金を一般の営業職員並(25万円)に下げたいのですが，可能でしょうか」

日本の労働法の教科書的には以下の回答になります。

「管理職として適格ではないということであれば役職を外し（降職），役職手当を外すことができます。しかし，基本給については本人の同意がなければ下げることができません。本人と話し合うことが必要です」

しかし，会社としては納得できません。「明らかに一般社員並の仕事・成果しか上げられないのにどうして営業課長の基本給を支払わないといけないのだ」と感じると思います。

実は，営業課長や一般の営業職員の職務内容（権限・責任・成果）を特定し，職務内容（権限・責任・成果）と賃金を連動させる人事制度（役割等級制度・職務給制度）を適法に制定し運用していれば（いわゆる不利益変更の問題をクリアする必要があります），賃金を下げることは可能です（東京商工会議所事件・東京地判平29.5.8労判1187号70頁等）。

もちろん，大幅な減額を伴う降格は権利の濫用に当たるとして無効となる可能性が高くなるのですが，体調不良からもともと想定している職務内容を遂行できないのであればやむを得ないものとして適法になる可能性が高くなります。

今後，日本の雇用社会は70歳雇用義務も視野に入れることになります。その間，さまざまな疾病に罹患する可能性があります。右肩上がりの賃金制度はもはや不可能です。

第**4**章

問題社員対応

　精神疾患に罹患した従業員にもさまざまなタイプがあり，なかには他人を攻撃したり，妄想や幻覚による被害を訴えたり，休職期間中に問題行動を起こす者もいます。治療や休養のための休職命令を行うべきか，秩序維持のために懲戒処分を行うべきか，実務では迷う点が多いです。本章では，精神疾患従業員の問題行動に対する対応について取り上げます。

　なお，本書では，周囲を困らせる行動をとる従業員を「問題社員」と呼ぶこととにします。

4−1　他人を攻撃する精神疾患従業員への対応

　精神疾患にもさまざまなものがあり，気分が塞ぎ込み会社に出勤することができない場合もあれば，他の同僚従業員や上司を攻撃し，業務に支障を来してしまう事例もあります。

　筆者は専門家ではありませんが，診断名がうつ病であってもさまざまな症状を示す場合が多く，他人を攻撃する精神疾患従業員への対応も実務では問題になることが多いです。

　日本通運事件（東京地判平23.2.25労判1028号56頁）は，他事業所への異動の内示に不満を示した従業員が，翌日，急性口蓋垂炎による呼吸困難で倒れ，救急搬送されて治療を受けてから就労しなかったため，休職命令を行ったところ，当該従業員が会社の休職期間満了による退職扱いを無効であるとして争った事案です。当該従業員は次のとおり，元上司（被告A）や会社に対して，手紙等により暴言，名誉毀損行為を行いました。

> 　原告は，平成17年8月ころから，被告会社（T支店総務課長ら）に対し，非常に長文で，被告Cを激しい調子で非難・攻撃する手紙を，繰り返し送付するようになった。
>
> 　その内容は，被告Cは，本件異動内示に関する話合いから逃げ回っていた，本件異動内示の内容を事前に知っていたと疑われる〔書証略，平成17年8月〕，被告Cは，原告を本件事業所から追放しようとしている，痴漢犯罪者を呼び寄せて昇格させた，「飛ばす」と言って恐喝した，「C一派の犯罪行為（C氏が容認した

行為）痴漢，暴力，職場内飲酒（略）」，「Cの犯罪行為　恐喝罪，労働基準法，
強要罪，私文書偽造」〔書証略，平成17年 9 月〕，私が死の恐怖と格闘している
ときに被告Cは飲み屋にいた〔書証略，同月〕などという，名誉棄損ともいうべ
きものが多く含まれていた（被告Cは，飲みに行っていたことは事実であるが，
原告が倒れたという連絡を受けて注文をキャンセルし，飲み屋から搬送先の病
院に駆けつけている。被告C本人）。

　さらに，原告は，被告会社の社長に対し，添付資料を含めてA 4 版で80枚以上
に及ぶ長大な手紙を送付するなどして，被告Cや総務課長らの対応等を激しい調
子で非難・攻撃したり，復職可能診断が出ているのに不当な休職を命じたなど
と訴えたり，退職に追い詰めるための脅迫・恫喝を受けたと主張したりしました。

　このような他人を攻撃する従業員に対してどのような対応をすればよいので
しょうか。日本通運事件では以下の対応を行っており，非常に参考になります。
対応には大変な労力を費やしますが，事案の軟着陸を図ることができますし，
万が一訴訟になった場合にも有利に訴訟を進めることができます。

4 - 1 - 1　従業員に指摘された違法状態を是正した

　この種の事例ではよく，従業員が会社に対する対抗措置として過去の割増賃
金不払やハラスメント行為なるものの存在を指摘し，割増賃金や慰謝料の支払，
謝罪を求めてくることがあります。

　会社が，無理な法律論を主張し，行政機関や弁護士が関与し始めると紛争が
多方面に拡大してしまうので，会社は違法行為があったのであれば是正し，な
かったのであればその旨説明をする等対応する必要があります。

　日本通運事件においても，会社は原告の主張のとおりの時間外労働を認め，
労働時間管理に不備があったことを謝罪しました。このような誠実な対応は事
案の解決に後々有効となります。

4 - 1 - 2　暴言や名誉毀損に対して反論や懲戒処分を行って いない

　日本通運事件では，従業員が度重なる暴言や名誉毀損行為を行っています。

このような暴言や名誉毀損行為に対して，会社も非常に感情的になり反論や再々反論を行ったり，懲戒処分を行ってしまったりすることがありますが，得策ではありません。従業員が会社の反論に反応し感情的になり，いわば火に油を注ぐ状態になってしまうからです。書いてある内容が虚偽であることは多くの場合明白であるのであえて反論する必要はありません。後記4-1-3に述べる対話を進めるほうが事案の解決に資することになります。

4-1-3　書面のみならず何度も電話し復職に向けて根気よく対応している

　他人を攻撃する精神疾患従業員について，書面のみならず何度も電話し復職に向けて根気よく対応することは非常に難しいです。しかし，このような対応を裁判所は以下のとおり評価し，休職期間満了による退職扱いを有効と判断しました。他人を攻撃する従業員と面談をしたり，電話でやりとりをすることは緊張，苦痛を伴います。手紙やメールでやりとりを済ませたくなってしまいますが，やはりこの種の事例ではできれば対面，少なくとも電話でやりとりをする必要があります。やりとりの内容を録音してもかまいませんが，録音をしている場合は録音をしていることを伝えたほうが後々トラブルになりません。また，録音をしないで電話のやりとりをメモに残すことも有効です。直後に作成したメモは証拠として価値が高く，メモのとおりのやりとりがあったと認められることが多いです。

　H次長は，原告が被告Cに対する理不尽ともいうべき非難・攻撃を繰り返していたにもかかわらず，根気よく対応して，本件休職命令発令の直前には，診断書を作成していないと聞いて，再度受診のうえ診断書を提出するよう求めた（前記〔略〕）。また，H次長は，原告に対し，発令の内示をした際，あと1年あるという気持ちで復職に前向きに取り組むよう励まして，その後も何度か電話をするなどして接触を図っている。

4-2　妄想・幻覚のある精神疾患従業員への対応

特定の従業員が妄想・幻覚により誰かが悪口を言ったり，誰かにつけ狙われたりしている等の被害申告をする場合があります（「Case19　誰かに見張られているんです」参照）。明らかに精神疾患の疑いが強いですが，本人は自分が精神疾患に罹患していることに全く気づかず，会社に特定の従業員の加害行為による被害申告をしてきたり，会社が加害行為を行っていると述べてくることがあります。

例えば，統合失調症は，幻覚や妄想という症状が特徴的な精神疾患ですが，100名弱に1名は罹患する疾病と言われているため，一定規模の事業所では十分問題が起こり得る事例であります。そのため，実務上どのように妄想・幻覚のある精神疾患従業員に対して対応するかが問題となります。

4-2-1　日本ヒューレット・パッカード最高裁判決

日本ヒューレット・パッカード事件は，従業員が被害妄想など何らかの精神的な不調のために，実際には事実として存在しないにもかかわらず約3年間にわたり盗撮や盗聴等を通じて加害者集団が職場の同僚らを通じて自己に関する情報のほのめかし等の嫌がらせを行っているとの認識を有しており，自分自身が前記の被害に係る問題が解決されたと判断できない限り出勤しない旨をあらかじめ使用者に伝えた上で，有給休暇をすべて取得した後，約40日間にわたり欠勤を続けた事案です。

会社は，前記欠勤は就業規則所定の懲戒事由である正当な理由のない無断欠勤に当たるとして，諭旨退職処分を行いました。一審は諭旨退職処分を有効と判断し，二審は諭旨退職処分を無効と判断しました。

最高裁判決（最判平24.4.27労判1055号5頁）は，次のように判断し，諭旨退職処分を無効であると判断しました。

> このような精神的な不調のために欠勤を続けていると認められる労働者に対しては，精神的な不調が解消されない限り引き続き出勤しないことが予想されるところでありますから，使用者である上告人としては，その欠勤の原因や経

緯が上記のとおりである以上，精神科医による健康診断を実施するなどした上で（記録によれば，上告人の就業規則には，必要と認めるときに従業員に対し臨時に健康診断を行うことができる旨の定めがあることがうかがわれる。），その診断結果等に応じて，必要な場合は治療を勧めた上で休職等の処分を検討し，その後の経過を見るなどの対応を採るべきであり，このような対応を採ることなく，被上告人の出勤しない理由が存在しない事実に基づくものであることから直ちにその欠勤を正当な理由なく無断でされたものとして諭旨退職の懲戒処分の措置を執ることは，精神的な不調を抱える労働者に対する使用者の対応としては適切なものとはいい難いです。

4-2-2　退職や懲罰より治療

　日本ヒューレット・パッカード事件のように特定の従業員が妄想・幻覚により誰かが悪口を言ったり，誰かにつけ狙われたりしている等の被害申告をするのみならず，その除去を会社に求めて無断欠勤を行えば，担当者が「いっそのこと退職してほしい」と思うのも無理からぬところがあります。しかし，最高裁は，前記のとおり，まずは治療や休職を優先して行うべきであると判示をして，正当な理由のない無断欠勤であっても諭旨退職処分をすることは許されないと判断をしました。このような場合は，病気に罹患していると扱って退職や懲罰よりも治療を優先すべきです。

4-2-3　忍耐強く対応する

　後記は日本ヒューレット・パッカード高裁判決（東京高判平23.1.26労判1025号5頁）の一文ですが（下線は筆者），担当上司は一審原告からの無断欠勤扱いになることを心配した問い合わせに対して，直接この質問には答えず曖昧に答えることしかしませんでした。この段階で休職を検討していれば訴訟にはならなかったといえます，いわば運命の分かれ道となる対応でした。忍耐強く対応することの重要さがわかります。

　控訴人からの，欠勤となるのは嫌なので，犯罪被害に対しては休職として認めて欲しいとか，正式に休職届を出せばいいのか，休職を申請する場合，ContactHRに出せばいいんですねなどの問いに対して，B部長は，直接回答しなかったり，私は別にお勧めしていない，必要ないと担当人事としては思いますなどと回答している。

　調査の結果が出るまでの人事上の取扱いを尋ねる控訴人に対し，欠勤になる理由が見当たらないので，会社としては就業についてくださいということですなどと回答し，控訴人から，出勤しなければ，無断欠勤として扱うことかなどの問いに対しては，違います，何でそういう話になる方向に持っていくんですかなどと回答している。

4-2-4　粛々と対応する

　日本ヒューレット・パッカード事件は前記最高裁判決の後も紛争が続き訴訟になっています。

　会社と一審原告との最高裁判決後のやりとりは以下のとおりです。

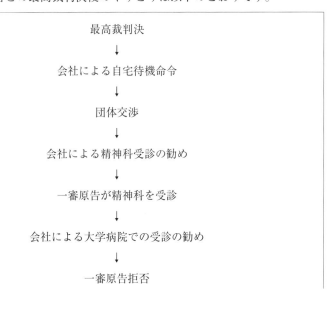

最高裁判決
↓
会社による自宅待機命令
↓
団体交渉
↓
会社による精神科受診の勧め
↓
一審原告が精神科を受診
↓
会社による大学病院での受診の勧め
↓
一審原告拒否

↓

産業医面談実施：産業医意見（休職させるべき）

↓

産業医意見の妥当性確認のための大学病院受診

↓

大学病院判断せず

↓

休職命令発令

↓

被告は治療をせず，休職期間満了までに
就労可能であるとの診断書等も提出しなかった

↓

休職期間満了退職扱い

　会社は，時間をかけて団体交渉や話し合いを行い，精神科医や大学病院の専門医，産業医の関与のもと，最終的には就労が可能ではないとの判断を行いました。裁判所は，このプロセスを重視して，前記退職扱いは有効であると判断をしています（東京地判平27.5.28労判1162号73頁，東京高判平28.2.25労判1162号52頁）。この種の事案では，専門家の関与のもと，粛々と対応することが必要となります。

COLUMN

問題行動を起こす場合こそ面談が必要

　メンタルヘルスに不調を来した人の中にはいわゆる問題行動を起こす人がいます。

　例えば，被害妄想になり，周囲の従業員に怒鳴ったり，大声を出したりする場合もあります。また，上司に対して感情的になり，暴言を吐く人もいます。

　そうすると，「あの人と話をしたり関わるのは怖いね」という雰囲気になり，誰も指導したり面談したりしなくなることがあります。

　その後，会社は思いつめて，いきなり法律事務所に相談をして「もうどうにもならないので，解雇できませんか」という相談をすることがあります。

　なぜ面談をしないのですか？　と聞くと「話ができる状態ではない」とおっしゃいます。

　しかし，本人が何を考えて，どうしていわゆる問題行動を起こしているのかすら聞いていない場合が多いです。

　人事労務の分野では，会社と従業員の問題解決のために，あえて，いわゆる一般常識では無駄と思われるような行動こそ必要になる場合があります。

　このように問題行動を起こす人と面談をして，問題行動が収まることは残念ながら多くはありません。面談をしても，理解不能な内容を話す場合が多いです。それでも面談は必要です。もちろん産業医等の専門家の面談も必要です。

　面談を聞き，例えば「会社でAさんとBさんが自分の悪口を言っている」と言うのであれば，AさんとBさんにヒアリングをして，何ら根拠のない思い込みであることを説明します。当然，この方は納得しません。「そんなことはない。私は自分の耳で聞いている」と反論してくるかもしれません。議論は平行線をたどります。会社からすれば，問題が解決せず困ったものだ，話し合いをしても無駄だと思うかもしれません。

　ところが，このようなやりとりを重ねていると，突然本人が「会社には期待できないことがわかった。訴訟の準備をする」などと言って退職することがあります。では，その後，何か起きるのかといえばほとんどの場合何も起きません（全く何も起きないとは保証できません）。やはり弁護士等の専門家からすれば，法的な根拠のある請求はできないことが聞いてすぐわかるからです。

　ぜひ，面談をして，根気強く話を聞いていただければと思います。

4-3　休職期間中の問題行動に対する対応

　休職中の従業員の中には休職期間中に問題行動を起こす人がいます。

　筆者がこれまで相談を受けた中では，うつ病を理由に休職したにもかかわらず，毎日飲み会の写真をSNSにアップしたり，麻雀大会に参加する等の事例がありました。

　通常の感覚では，「精神疾患で休職をするのであれば，それ相応に体調の回復に努めなければならないはずであり，毎日飲酒を繰り返したり，麻雀大会に

参加することは常識に照らして許されない」と考えることも可能です。

　このような休職期間中に問題行動を起こす従業員に対してはどのように対応するべきでしょうか。

4-3-1　マガジンハウス事件

　休職期間中の問題行動については，マガジンハウス事件（東京地判平20.3.10労経速2000号26頁）があります。

　この事件は，配転を命じたところ，これを拒否し，うつ病により休職し始めた社員を休職期間中の問題行動等を理由に普通解雇した事例です。休職期間中，会社への抗議行動や過激な表現による会社批判（ブログでの批判等）のほか，オートバイを乗り回し，ゲームセンターや場外馬券売場に出かけたり，旅行を繰り返したりしたため，配転命令拒否，会社の信用・名誉毀損，服務規律違反（療養専念義務違反）を理由に普通解雇しました。

　裁判所は配転命令拒否による解雇を有効としつつも，オートバイを乗り回し，ゲームセンターや場外馬券売場に出かけたり，旅行をしたりしたことは主治医が特に問題視していないため，会社がこの点を処分することはできないという判断を示しました。

　なお，被告は，他にも，原告が私傷病欠勤期間中に，オートバイで頻繁に外出していたこと，ゲームセンターや場外馬券売場に出かけていたこと，飲酒や会合への出席を行っていたこと，宿泊を伴う旅行をしていたこと，SMプレイに興じるなどしていたことを療養専念義務に反する行為であると主張するが，うつ病や不安障害といった病気の性質上，健常人と同様の日常生活を送ることは不可能ではないばかりか，これが療養に資することもあると考えられていることは広く知られていることや，原告が，連日のように飲酒やSMプレイを行い，これが原告のうつ病や不安障害に影響を及ぼしたとまで認めるに足りる証拠もないことからすれば，原告の上記行動を特段問題視することはできないというほかない。

4 - 3 - 2　主治医の診断がポイント

　この種の事例で労働者側は「度重なる飲酒や麻雀大会への参加も治療のためには有効です」と反論することが多いです。会社は「度重なる飲酒や麻雀大会への参加は療養に専念しているとは言えない」と反論するでしょう。

　裁判官は精神医学の専門的知識を持っているわけではないため，労使どちらの主張が正しいかはわかりません。このような場合にポイントになるのは主治医の診断です。前記マガジンハウス事件でも，裁判所は，主治医が会社との関わりを持つことを禁止していたことを重視して，被告に出社するなどして被告との社会的接触を保ちつつ，ブログにおいて連日のように会社や組合に関する記載を行っていたことについては服務規律違反を認めています。専門家である主治医診断が合理的であれば，裁判所は専門家の意見を尊重することになります。

　かといって，主治医が会社に対して「度重なる飲酒や麻雀大会への参加は精神疾患の治療上好ましくない」と言うことはおそらくないと思われます。患者本人の希望を聞いて「飲酒も麻雀大会への参加も精神疾患の治療上は有効な場合もある」と答えるでしょう。

　それでも，この種の問題行動を起こす従業員の場合は，会社は休職期間中の従業員同席の上で主治医面談を申し入れ，あえて休職期間中の問題行動について質問をするべきです。

　主治医は前記のような「飲酒も麻雀大会への参加も精神疾患の治療上は有効な場合もある」との回答をすることが多いと思われますが，おそらく多くの主治医は会社がいないところで患者である従業員に対して何らかの注意をすると思われますし，休職期間中の従業員にとっては相応のプレッシャーになります。会社が休職中の行動について不満や疑問を表すことで復職を断念して，休職期間満了時に退職の話し合いに応じる事例もありました。問題行動を起こす従業員については主治医面談を行ってみることをお勧めします。

　本件については，「CASE 3　休職中に海外へ」も参考にされてください。

> **🩺 産業医コメント**
>
> 　一般的に睡眠導入剤をはじめとする精神科薬剤とアルコールの併用は作用の相加・相乗的な鎮静作用を招くことから，併用注意という記載があります。また，アルコールと自殺率が関連する報告などもあります。また，そもそも飲酒をやめられないという点では，アルコール依存症を併発している可能性もありますし，ギャンブル依存症もあるのかもしれません。
>
> 　とはいえ，個別の事象において主治医が例外的な判断を下す可能性はあります。このため，飲酒行為が療養の妨げになっていると会社や産業医が考える場合には，主治医に問い合わせを行い，その事実を主治医が把握しているか，主治医は容認できると考えているのか，主治医として何らかの指導を行っているのか等を確認することを推奨します。

4-4　復職後の問題行動

　休職期間終了の復職後に問題行動を起こす場合があります。

　以下，ご紹介する事例（東京合同自動車事件・東京地判平9.2.7労経速1665号16頁）はタクシー運転の業務に従事する従業員が復職後にさまざまな問題行動を行い解雇が有効になった事例です。

4-4-1　東京合同自動車事件

- タクシー運転手である原告は，平成6年11月12日，S厚生病院でI医師の診察を受けましたが，精神運動興奮状態および躁状態との病状であり，不穏な興奮状態が続いていたため，無断離院や衝動行為のおそれが強く，医療保護入院の手続がなされました。
- 原告は，平成6年11月12日の入院後，被告での勤務を行っていなかったところ，躁状態の病状について，平成7年2月28日の段階で，就労可能な程度まで軽快したとの診断を受けました。被告は，原告からの申出により，平成7年3月21日から原告のタクシー乗務を許可しました。
- 原告は，被告での勤務を再開した後，何回にもわたり被告の代表者や管理職等に対し，被告が家族を騙して原告を無理やり入院させたとする内容の手紙

を，上記事実が存しないのにもかかわらず郵送しました。

- 原告は，平成 7 年11月29日の集会において，従業員の有給休暇の取得方法と標準報酬日額についての質問に，被告のＴ部長が休暇の取得は前日の昼までに申し出ること，標準報酬日額については前向きに検討すると回答したことに対し，「運転手の生活がかかっているんだ，当たり前だろう，この野郎，俺は武道をやっているのだ」等と急に興奮して話し出しました。また，原告は，同年12月28日の集会において，運賃の認可条件となっており，他の乗務員が了承している身障者運賃割引制度に頑強に反対し，集会後，被告のＴ部長に対し，興奮して罵詈雑言を浴びせました。
- 原告は，平成 8 年 2 月 8 日，タクシーを運転中，軽微な物損事故を起こしたものの，相手方の一方的過失によるものであると主張して，事故の分析，反省および安全運転についての指導の席においても，被告のＯ課長からの注意を受け入れず，「相手が悪い，自分で解決するから被告の委任状を出せ，微分積分を知っているか，微分積分を知らなければ，この事故はあんたらとは話にならない，ブタか犬を相手にしているようなもので，らちがあかない」等と述べました。また，原告は，同年 2 月20日，配車室にいたＴ部長およびＯ課長に対し，「珍しい動物が居る，記念に撮っておく」等述べ，数枚の写真撮影を行いました。
- 原告の平成 8 年 1 月ないし 2 月初め頃のタクシーでの勤務状況は，一定時間連続して勤務を続けることができない状態でした。

　裁判所は「原告は躁状態等により平成 6 年11月12日から同年12月20日までと同年12月22日から平成 7 年 2 月28日まで入院していること，退院時には就労可能な状況であったものの更に治療が必要な状況であったところ平成 7 年 4 月11日には通院をやめており，右段階で治療あるいは経過観察等が不要な状況になったとは認められないこと〔書証略〕，前記〔略〕で認定した勤務を再開した後の原告の一連の言動及びタクシーでの勤務状況並びに弁論の全趣旨を考慮すると，本件解雇時において原告が被告就業規則28条 3 号に該当する状況であったことは明らかであり，他にこれが解雇権の濫用であることを認めるに足りる証拠もない。」と解雇を有効と判断しました。

4-4-2　休職期間満了後の問題行動への対応

(1)　治療を続けているか・治療を続ける意思があるか

　東京合同自動車事件では，解雇が有効である理由の1つに「退院時には就労可能な状況であったものの更に治療が必要な状況であったところ平成7年4月11日には通院をやめており，右段階で治療あるいは経過観察等が不要な状況になったとは認められないこと」をあげており，原告に治療を続ける意思がないことを重視しています。原告が治療を続ける意思があり，休養を求めていれば，裁判所が「解雇は時期尚早である」と判断して解雇は無効となった可能性はあります。

　このような休職期間満了後の問題行動については，治療を続けているか・治療を続ける意思があるかを確認する必要があります。

(2)　顧客や同僚・上司を攻撃する言動があるか

　日本通運事件では，従業員が度重なる暴言や名誉毀損行為を行っています。東京合同自動車事件でも，原告は「運転手の生活がかかっているんだ，当たり前だろう，この野郎，俺は武道をやっているのだ」「相手が悪い，自分で解決するから被告の委任状を出せ，微分積分を知っているか，微分積分を知らなければ，この事故はあんたらとは話にならない，ブタか犬を相手にしているようなもので，らちがあかない」「珍しい動物が居る，記念に撮っておく」等と述べました。顧客や同僚・上司を攻撃する言動がある事例については解雇もやむを得ない場合があり，裁判所も解雇を有効と判断しています。

(3)　忍耐強く対応する

　東京合同自動車事件では，原告は平成7年3月21日から復職をしてタクシーを運転していますが，平成8年2月21日までに解雇するまでに1年弱の時間があります。判決文からは詳細はわかりませんが，ある程度の期間指導教育をしていたものと思われます。問題行動が起きれば即解雇というわけではなく，治療や休職，指導教育等の機会を与えて忍耐強く対応する必要があります。

⑷　記録をつける

　暴言や問題行動についてはメモ等の形で記録を残しておく必要があります。面談指導についてもメモ等の記録を残しておきます。

　あまりにひどい場合は録音も検討します。特に暴言や問題行動のひどさは録音を聞いて初めてその異常さがわかることが多いです。

⑸　主治医・産業医と連携する

　東京合同自動車事件は，平成9年の判決ですので，現在と時代背景が異なります。東京合同自動車事件では，解雇前に主治医・産業医に連絡を取ったり，意見を聞いていませんが，現在は休職後の問題行動についても主治医・産業医と連携をとる必要があります。J学園事件（東京地判平22.3.24労判1008号35頁）では，主治医の意見を聴こうとせず解雇をしたことを解雇無効の原因の1つにあげています。

　主治医はどうしても本人の意思を尊重する傾向がありますが，それでも医師としての見解を述べますので，現在の体調・今後の見通しがある程度わかります。その上で休職をあらためて命じるか，このまま勤務を続けるか，退職勧奨・解雇を行うかを決めることになります。

> 🩺 **産業医コメント**
>
> 　現在，病気を持つ人の車の運転に関して，種々の法律や制度が整えられています。車の運転が安全だと確信を持てない場合には，主治医への問い合わせ，運転免許センターの安全運転相談窓口を活用してください（2-7,「Case 9　で，車の運転は？」参照）。

COLUMN

休職は解雇猶予

「休職」と言うと「仕事を休む」という意味で使われることが多いのですが，労働法上の「休職」の定義は「解雇猶予」なのです。

「解雇猶予」と聞くと，かなりどぎつい言葉に聞こえてしまいますが，実は休職は解雇に比較的近い状態にあることを指すのです。

雇用契約は，会社（使用者）は賃金を支払う義務がありますが，労働者は労務を提供する義務があります。

休職にもさまざまな種類があるのですが，世の中の多くの休職は私傷病休職というもので，業務以外の理由で疾病にかかり，労務を提供できない場合に休む場合を指します。

疾病には，本人の生活習慣を原因とするものから，遺伝性の病気までいろいろなものがあります。しかし，会社にとっては，疾病の原因が何であれば，会社とは関係のない理由で労務を提供できないことには変わりはないわけです。

本来は，労働者は，契約上労務を提供しなければならないところ，労務の提供ができないということは債務不履行に当たります。債務不履行ということは約束を破っているわけですから，契約を解除することができるわけです。

ところが，人間ですから病気になることもあり得るところ，病気をしたからといっていきなり解雇するのではあまりにも可哀想です。

そのため，昔から会社がそれぞれ就業規則に休職制度を定めて，一定の期間，会社を休むことを認めているわけです。

現在の日本では，企業が積極的に復職支援に力を入れることを推奨しておりますが，本来は労務の提供ができることは労働者の義務であり，労働者自らの努力で行わなければならないことなのです。この原則論をつい忘れがちになるのですが，休職というのは解雇猶予の状態にあることは頭の片隅に入れておく必要があります。

第**5**章

退職勧奨

精神疾患に罹患した従業員と連絡が取れず困っている，精神疾患で休職中の従業員に退職勧奨したいがどのように面談をすればよいか等，精神疾患に罹患をした従業員との対応で悩ましい問題が起こり得ます。一方で退職勧奨によりパワーハラスメント，精神疾患の症状がより悪化した等主張されるリスクもあり得ます。法的リスクを避けつつ，いかに解決を図るか非常に悩ましい論点です。本章では，精神疾患従業員との面談・退職勧奨について取り上げます。

5-1　面談の重要性

5-1-1　「心の健康問題により休業した労働者の職場復帰支援の手引き」における面談の位置づけ

厚生労働省作成の「心の健康問題により休業した労働者の職場復帰支援の手引き」において「面談」で検索をすると以下の単語が表示されます。

> 産業医との復職面談，定期的な産業医面談，職業カウンセラーとの面談，会社担当者との職場復帰前の面談，職場復帰後のフォローアップ面談，会社担当者・主治医・本人の三者面談

職場復帰の過程において，これだけ面談をすることが求められています。次に述べるとおり職場復帰支援を行うにせよ，やむを得ず退職することになったとしても面談の役割は非常に重要です。

5-1-2　面談と書面やメールだけのやりとりでは情報量が異なる

面談では口頭のやりとりになるので，行き違いが生じたり，いわゆる言った・言わないの問題が時には起こり得ます。場合によっては面談でパワハラを受けたと主張されることもあるかもしれません。しかし，面談と書面やメールだけのやりとりではお互いに収集できる情報量が全く異なります。面談では相手の顔色，表情，目の動き，仕草等からさまざまな情報をお互いに収集することができます。リスクはあるものの面談を通じてお互いの意思疎通を図ることはと

ても重要なことです。

5-1-3　面談を定期的に行う事案はトラブルになりにくい

これは筆者個人の感覚で統計的な裏づけはないですが，面談を定期的に行う事案は労働トラブルになりにくいと感じます。そもそも面談を定期的に行えること自体が最低限の信頼関係が築けていることの証であるとも言えますが，定期的な面談の中で感情的なトラブルがあったとしても，面談を定期的に行う過程で修復が可能となり話し合いで解決できることが多いです。一方，面談ができず，もしくは面談をしようとしていない事案の場合は，書面やメールでのやりとりが主となり，休職期間満了間際に復職や退職で双方合意ができず労働トラブルに発展することがあります。定期的な面談は非常に重要であると考えます。

5-1-4　事前の情報収集が重要

何ら準備をせずに面談をしても得るものは少ないと思われます。面談を行う前に産業医を通じた主治医に対する健康情報の提供を求めたり，本人同席で主治医面談を行ったり，日常生活や睡眠を記録したものを提出してもらったり，場合によっては試し勤務を行ってもらったりして情報を収集してから面談を行うことが望ましいです。

5-2　連絡がつかない精神疾患従業員への対応

5-2-1　対応の際の留意点

休職中の従業員に電話をしても電話に出ない，メールや手紙を書いても返事がないということがあります。このような場合にどのように対応すればよいのか，筆者はよく質問を受けることがあります。実務担当者としては，なるべく早く面談をして，退職の話し合いをしたり退職の手続を済ませたいと思う一方，どこまで何をしてよいのか迷うところでもあります。次のとおり，連絡がつかない精神疾患従業員と面談をして慰謝料請求が認められた裁判例があるので注

意が必要です。

5-2-2 ワコール事件（京都地判平28.2.23労働判例ジャーナル 51号13頁）

(1) 事 案

　原告は，輸入婦人肌着の販売員として働いていました（いわゆる契約社員）。原告が働いていた百貨店の売場で，輸入品売場を国産品売場の一角に移転する改装がなされ，輸入品の売上が減少するなどしました。その後，原告は適応障害を発症しました。原告が欠勤をした後，雇用期間満了が近づいたところ，被告会社は医師に被告会社の関係者と会うことを止められている旨を原告から明確に伝えられていましたが，原告に連絡して短期間の契約更新の話をするため面談する等しました。原告は，被告会社が適切な職場復帰支援を実施すべき義務に違反して原告に執拗に接触するなどして，その結果，原告が重症うつ病エピソードを発病し，その精神障害が遷延化した（長引いた）などと主張して，債務不履行（労働契約法上の安全配慮義務違反）または不法行為（民法709条・715条）に基づく損害賠償を求めました。

(2) 被告に，休職中の原告が療養に専念できるように配慮する義務およびその違反があったか

被告がこのような義務を負うか

　裁判所は，原告の上司である課長が，平成22年10月4日に原告から，適応障害と診断されたと告げられ，原告が精神障害を発病していることを認識したことをもって，被告会社としても，同日，原告が適応障害と診断されたことを認識しており，または認識すべきであったと解するのが相当であるとしました。

　その上で，同日以降，被告会社としては，原告が療養に専念できるよう配慮すべきであり，少なくとも積極的に原告の精神障害の増悪をもたらすような行為を行うことは，原告の心身への直接の加害となるのであるから，そのような行為を行ってはならないという義務を負っていたと判示しました。

原告に対する接触の方法

　裁判所は，原告の上司の課長（すなわち被告会社）が，原告の精神障害発症

を認識し，さらに平成22年10月14日に，医師に被告会社の関係者と会うことを止められている旨を原告から明確に伝えられていたのであり，被告会社としては，遅くとも同月21日（原告に電話で面談の予定の調整を行った日）の時点では，原告と接触しなければならない必要性があったとしても，原告の主治医を介して，あるいは，主治医から原告との接触の手順につき教示を受けた上で，これに従って原告と接触するなどの方策を講じるべきであり，被告会社の側から原告へ直接接触を図ることは差し控えるべき義務を負っていたと認めるのが相当であるとしました。

　その上で，上記義務にもかかわらず，被告会社が，課長から原告に電話連絡し，主治医等の付き添いもなく原告と面談したのであるから，被告会社には上記義務の違反があるとしました。

被告の労働契約の更新に関する発言

　裁判所は，被告会社としても，原告への一定の配慮を行うべき義務，敷衍すると，少なくとも不利益な条件を提示することについての合理的な説明を十分に行うべき義務を負っていたというべきであるとしました。

　その上で，原告に対し，契約期間を1か月の短期とする理由や必要性について十分な説明をしたとは認めがたいので，原告に配慮したと評価することは困難とし，被告会社に義務違反があったと判示しました。

　⑶　損　害

　裁判所は，原告の損害について，上記の義務違反は，原告のうつ病エピソード発症後に行われたものであるとし，また，義務違反が原告のうつ病エピソードを遷延化させたことを裏づける的確な証拠はないとして，これらとの因果関係を否定し，原告の精神障害に悪影響を与えたことに対する慰謝料100万円のみを認めました。

5-2-3　実務上の留意点，解決方法

⑴　主治医等から接触することを制限されている場合

　診断書で「所属部署における人間関係を含む職場環境の改善が必要」等記載されていることがよくあります。ワコール事件のように主治医が会社関係者と

の接触を禁じていた場合はもちろんのこと，このような診断書の記載がある場合，念のため主治医に連絡をして面談が可能か確認をしたほうがよいと思われます。

　会社関係者単独での面談ができなければ主治医や産業医同席の面談が可能か問い合わせるべきです。最終的には当該従業員とは書面でのやりとりしか認められない可能性もありますが，面談の可能性をあくまで探るべきです。

　特に所属部署の管理監督者が面談する場合はなおさら注意が必要です。裁判所は精神疾患についての専門家ではないため，主治医の意見を相当程度重視することが多いです。そのため，診断書で主治医が本人と会社関係者との接触について何らかの制限を設けている場合は注意が必要です。

⑵　特に主治医等から接触することを制限されていない場合

　特に主治医等から会社関係者との接触を制限されておらず，電話やメールでも連絡が取れない場合は，直接自宅を訪問するしかないと思われます。

　両親に連絡を取る方法もあり，このような方法で解決した事案も過去にはありましたが，現在は両親には知られたくなかったとしてプライバシー侵害等の別のトラブルが起こるおそれがあり，本人の同意がとれない場合はお勧めできません。

　自宅を訪問すると意外と在宅していることが多く，その場合には喫茶店等で面談を行うとよいです。多くの場合，当該従業員は退職については覚悟を決めていることが多く，同意することが多いです。以下は，休職期間満了通知書の書式（図表5－1）であり，退職承諾書（図表5－2）を兼ねるものです。面談時に退職に同意をしてもらえるのであれば，この書式にサインをもらって解決することもあります。

　ただ，後々「会社から退職を強要された」として退職無効の主張がなされる可能性もあるので，本人がサインに躊躇するのであれば，無理をせず持ち帰ってもらう必要があります。

図表5-1 〉休職期間満了通知書

○　殿

平成○年○月○日

株式会社○

代表取締役　○

休職期間満了通知書

　貴殿は，平成○年○月○日から休職されておりますところ，就業規則第○条及び第○条第○号に基づき，平成○年○月○日をもって，休職期間満了により退職となりますので，予めその旨ご通知致します。

以上

図表5-2 〉退職承諾書

退職承諾書

　上記につき了解致しました。貴社との間の雇用契約が平成○年○月○日をもって終了することについて承諾致します。

平成　　年　　月　　日

氏名　　　　　　　　　㊞

5-3　精神疾患従業員に対する退職勧奨

　「精神疾患に罹患した従業員に対して退職勧奨をしてよいか」「何か退職勧奨の際に気をつけることはあるか」等の質問を受けることがあります。次に，精神疾患従業員に対する退職勧奨の裁判例について触れます。

5-3-1　エム・シー・アンド・ピー事件（京都地判平26.2.27労判1092号6頁）

(1)　事　案

　原告はうつ病により休職していましたが，その後復職しました。しかし被告会社は，原告が業務量の軽減を求めたり，朝・昼を問わず机に伏して寝ていることが多い状況であったため，9日の間で5回にわたる退職勧奨をしたが，原告はこれに応じませんでした。その翌日原告は主治医の診察を受けたところ，うつ病により休職加療を要すると診断されて再休職となり，その後就業規則所定の3か月の休職期間満了により退職扱いとなりました。原告は退職強要の精神的苦痛についての慰謝料と退職扱いの無効による地位確認等を求めました。

(2)　退職勧奨の適法性

　原告に対する退職勧奨については，合計5回の面談が行われ，第2回面談は約1時間，第3回面談は約2時間および第5回面談は約1時間行われています。

- 退職勧奨に応じなければ解雇する可能性を示唆するなどして退職を求めていること
- 第2回面談および第3回面談で，原告は自分から辞めるとは言いたくない旨述べ退職勧奨に応じない姿勢を示しているにもかかわらず，繰り返し退職勧奨を行っていること
- 原告は業務量を調整してもらえれば働ける旨述べたにもかかわらず被告会社がそれには応じなかったこと
- 第2回面談は約1時間および第3回面談は約2時間と長時間に及んでいること

などの諸事情を総合的考慮すると，原告の退職に関する自己決定権を侵害する違法なものと認めるのが相当であると判断しました。

(3)　休職満了退職の適法性

　休職満了退職の適法性については下記のとおり判断しました。

　精神障害を発症している労働者について，その後の業務の具体的状況において，平均的労働者であっても精神障害を発症させる危険性を有するほどに強い心理的負荷となるような出来事があり，おおむね 6 か月以内に精神障害が自然経過を超えて悪化した場合には，精神障害の悪化について業務起因性を認めるのが相当であると解する。

　これを本件についてみると，上記〔略〕のとおり，平成23年 8 月22日以降の被告の原告に対する退職勧奨は，原告が退職の意思のないことを表明しているにもかかわらず，執拗に退職勧奨を行ったもので，強い心理的負荷となる出来事があったものといえ，これにより原告のうつ病は自然経過を超えて悪化したのであるから，精神障害の悪化について業務起因性が認められる。

　そうすると，被告は，原告を休職期間の満了により退職したとすることはできず，休職期間の満了により退職したとの被告の主張は採用できず，原告は，被告に対し，労働契約上の権利を有する地位にあるというべきである。

5 - 3 - 2　　実務上の留意点，解決方法

(1)　退職勧奨

　退職勧奨とは使用者が従業員に対し，自発的に退職することを促す行為を指します。そのため，解雇と異なり，厳しい解雇規制は適用されませんが，退職勧奨が社会的相当性を逸脱した態様で行われる場合は不法行為になります。退職勧奨については，下関商業高校事件一審判決（山口地下関支判昭49.9.28労判345号20頁）の基準が参考になります。①被勧奨者が明確に退職する意思のないことを表明した場合には，新たな退職条件を提示するなどの特段の事情でもない限り，一旦退職勧奨を中断して時期を改めるべきこと②勧奨の回数および期間については，退職を求める事情等の説明および優遇措置等の退職条件の交渉などに通常必要な限度にとどめられるべきであり③被勧奨者の家庭の状況等私事にわたることが多く，被勧奨者の名誉感情を害することのないよう十分な配慮がなされるべきであることを退職勧奨の適法性を判断する際の要素としてあげています。

　前記エム・シー・アンド・ピー事件は，退職勧奨を拒否していたにもかかわ

らず短期間の間に何度も退職勧奨を比較的長時間行っていることから，上記の従来の裁判例の基準からしても違法と判断されるのはやむを得ないと思われます。

　もっとも，精神疾患に罹患している従業員に退職勧奨を行うことがすべて違法となるわけではありません。

　　①　退職勧奨を断ることは可能であることを伝えること
　　②　退職勧奨を明確に拒否をしたら退職勧奨を行うことを止めること
　　③　将来の解雇や自然退職扱いについては断定的な表現は使わないこと（「退職勧奨を断れば解雇をする」等）
　　④　1時間を超える長時間の面談はしないこと

を注意すれば，退職勧奨自体を行うことは可能です。産業医が退職勧奨に同席する場合もありますが，必ずしも産業医が同席できるとは限らないこと，産業医が同席しても違法な退職勧奨になり得ることから，やはり退職勧奨の中身と進め方が重要となります。

(2)　自然退職

　本件エム・シー・アンド・ピー事件は，従業員に対する退職勧奨により，うつ病が自然経過を超えて悪化したため精神障害の悪化について業務起因性が認められるとしたもので，かつ，休職の期間満了退職扱いが労働基準法19条の解雇制限の対象となり無効となるという非常に珍しい裁判例です。果たして本件の退職勧奨が業務起因性を認めるほどの強い心理的負荷を与えたかは疑問が残るところでありますが，違法な退職勧奨により解雇や退職扱いが無効となるリスクは認識しなければなりません。

COLUMN

ユニオン対応

　「精神疾患に罹患した従業員が労働組合に加入してさまざまな要求を行う」

　このような案件は平成20年前後から増え続けましたが，平成20年代後半頃には減り続け，現在ではかなり減少しているという印象を受けます。

　それはどうしてでしょうか。理由はいろいろ挙げられると思いますが，まず多くの企業が精神疾患，メンタルヘルスに不調を来した従業員の対応に次第に慣れてきており，紛争にまで至る事例が少なくなってきたものと思われます。

　以前は，就業規則に休職規定があっても，それを無視して，うつ病になったことを理由にいきなり解雇をしたり，退職勧奨をして，ユニオンに加入することが多く，紛糾する事例が多かったのですが，最近は企業規模の大小を問わず，休職規定を適用して，体調の回復まで時間をかけることが一般化しており，以前のような紛糾する事例は大幅に減りました。

　また，ユニオン対応といっても，紛糾して大声で団体交渉を行うことは少なくなってきており，本人の健康状態を考えながら，会社と組合で，どこで折り合いを付けるのかという冷静な話し合いができる事例がほとんどです。

　そのため，精神疾患に罹患している従業員がユニオンに加入したとしても，慌てず，冷静な話し合いができる場合が多いので，特別な対応は不要です。

　一方，ハラスメントと精神疾患がセットで問題になっている場合は要注意です。加害者が上司であり，セクハラ・パワハラを行って精神疾患になった場合は，使用者責任で会社が民事責任を負う場合もあり得ます。また，場合によっては会社が加害上司を懲戒しないといけない場合もあります。団体交渉も紛糾する場合が多く，感情的な対立も激しくなり，話し合いが息詰まる場合が多いです。

　もちろん，会社がユニオンと団体交渉を行って解決することも可能ですが，1つの方法として，会社は会社としてユニオンと団体交渉を行いつつ，加害者従業員が依頼した弁護士がユニオンを通じて被害者本人と交渉をして解決を図ることも可能です。会社が加害者従業員に弁護士を紹介することも可能です。意外と知られていない手法ですが，違法でもなく，時折選択されます。

第 **6** 章

メンタルヘルス不調と
労働災害

　本章では，精神障害と労働災害に関する実務上の論点について取り上げます。精神障害と労災認定は，自殺の事案がよく報道で取り上げられますが，自殺以外の精神疾患が労働災害に当たるとして，労災申請を行う事例もよくあります。労災認定がなされれば，実務上，安全配慮義務違反に基づく損害賠償請求につながる場合も多く，深刻な紛争に発展する可能性が高くなります。事前にリスクを理解していれば自ずと対応が変わり紛争の予防につながります。

6-1　年々増え続ける精神障害の労働災害件数

　精神障害の労災補償状況は第1章【図表1-3】のとおりです。年々請求（労災申請）件数と支給決定（労災認定）件数が増加傾向にあることがわかります。これは平成23年12月26日に発表された「心理的負荷による精神障害の労災認定基準」（以下「労災認定基準」といいます（＊1））が影響しています。

　この労災認定基準により，基準がより明確になり精神障害の労災申請件数，特に当事務所の取り扱う案件では弁護士が代理人となって労災申請を行う事例が増えました。

　弁護士が代理人となっている場合は，労災認定がなされた後，安全配慮義務違反を理由とした損害賠償請求を行うことが多いです。

　労災が認定されたとしても，理論上は会社の安全配慮義務違反が認められるとは限らないのですが，事実上，労災が認定されれば会社の安全配慮義務違反が認められる可能性が高くなるからです。

6-2　最近増えている「労災申請しますよ」

　前記労災認定基準による運用が開始されるまでは，自殺などの深刻な案件以外で従業員（元従業員）が安全配慮義務違反を理由とした損害賠償請求を行うことはあまりありませんでした。ところが，最近は労務のトラブルが起きた場合，諸々の要求とともに「私のメンタルヘルスの不調は会社の○○が原因です。要求が認められなければ労災申請をします」と主張することが増えています。

　大多数の企業はそれが何を意味しているのかわからず，交渉が決裂し労災申

請に至るケースがあります。

　弁護士や労働局の労働相談等のみならず，現在はインターネットで知識を得ることができるので，従業員は，自分で調べて労災申請と安全配慮義務違反に基づく損害賠償請求という手段の存在を知ることができます。

　実際は話し合いの手段として「労災申請しますよ」と従業員が主張する場合が多いですが，会社も安全配慮義務違反に基づく損害賠償請求制度についてある程度の知識を得ておく必要があります。

6-3　精神障害について会社の安全配慮義務違反が認められた場合の賠償額

　自殺以外の精神障害について，会社の安全配慮義務違反が争われる多くの事例の流れは以下のとおりです。

> 長時間労働→精神疾患→休職開始→休職終了→解雇（もしくは自然退職）→労災申請プラス地位確認（解雇無効）・安全配慮義務違反に基づく損害賠償請求→労災認定→地位確認（解雇無効）・損害賠償請求認容判決
> ※　もちろん，労災認定を得られず，審査請求→再審査請求→行政訴訟と長期化をしてしまうこともあります。

　自殺以外の精神障害について会社の安全配慮義務違反が認められた場合の最近の裁判例の賠償額は図表6-1のとおりです。

136

| 図表 6 - 1 | 精神障害について会社の安全配慮義務違反が認められた場合の賠償額 |

事件名	判決年月日 （掲載誌）	休業直前の1か月当たりの平均法定外労働時間	判決における未払賃金認容額	判決における解雇（無効）以降の未払賃金認容額	判決における慰謝料弁護士費用
東芝事件	東京高判 平28.8.31 労判 1147号62頁	約70時間 （休業直前の5か月平均）	5,186万0,526円 （平成13年9月分から平成28年6月分までの損害賠償金（休業損害）と確定遅延損害金）	平成28年6月25日から本判決確定の日まで毎月47万3,831円	400万円
					160万円
アイフル （旧ライフ）事件	大阪高判 平24.12.13 労判 1072号55頁	約200時間 （休業直前の3か月平均）	賃金304万3,755円、賞与556万2,105円、平成19年12月1日以降賞与各71万7,512円	平成19年12月1日から平成24年7月26日まで毎月34万4,075円	200万円
					120万円

　いずれの事案も次の6-3-1～6-3-3のような共通の特徴があります。また，精神障害に関する高額賠償，深刻な紛争事案というのは自殺等の死亡事案であることが多いですが，死亡事案以外の精神障害の事例であっても高額，深刻な紛争事案となり得ることがわかります。

6-3-1　労災認定されていること

　いずれの事案も労災認定がされています。東芝事件については，労災認定がなされず（労災不支給処分），その後審査請求→再審査請求→行政訴訟と争い，東京地裁において労災不支給処分が取り消されたものです。

6-3-2　長期化していること

　いずれも非常に長期化しており，東芝事件は解雇から10年以上，アイフル事件は自然退職扱いから5年以上の時間が判決まで経過しています。筆者の経験上も実務上労災認定がなされると，休業が長引くことが多く，10年以上休業が

続く事例もあります。非常に深刻な紛争事案になりやすいです。

6-3-3　賠償額が高額化していること

東芝事件は長期化したこともありますが，解雇や自然退職扱いが無効になるとそれ以降は雇用契約が継続し，かつ賃金を支払う義務があったにもかかわらず賃金を支払わなかったと扱うため（就労ができなくなったのは会社に責任があるため），遅延損害金も入れれば6,000万円以上の賠償額となっています。アイフル事件も遅延損害金を入れると3,000万円以上の高額の賠償額となっています。

6-4　精神障害について労災申請が行われる可能性のあるケース

前記6-3から明らかなとおり，精神障害について労災申請や損害賠償請求のトラブルに発展する場合は，長期間の深刻なトラブルに発展する可能性が高いです。そのためには，事前にリスクが高い状況にあることを認識し，紛争予防を図ることが重要です。

6-4-1　長時間労働と休職期間満了退職（解雇・自然退職）のケース

⑴ リスクが高いことの認識が必要

長時間労働によりメンタルヘルスに不調を来し，休職をするケースは多いです。そして，以下に述べるとおり長時間労働の後に精神疾患を発症した場合は労災認定を受ける可能性が高いです。しかし，会社がこのリスクを把握している事例は（一部の大企業を除けば）非常に少なく，多くの場合，就業規則を適用して，就業規則どおりの解雇・自然退職として扱おうとする事例が多いです。その際に，休職者が「自分の体調が悪いのは会社の長時間労働が原因です」と声をあげて会社の解雇や自然退職扱いに異議を述べ，会社がそれに驚いて，法律事務所等に相談して初めて実はリスクが高い状況に置かれていることがわかる事例が多く，長時間労働でメンタルヘルスに不調を来して休職をしている事

案はリスクが高いとの認識が必要です。

　また，1日の労働時間がさほど長時間労働とは言えなくとも，連続勤務により疲労が蓄積して精神疾患を発症することもあります。労災認定基準では，心理的負荷が「強」になる例として，

- 1か月以上にわたって連続勤務を行った
- 2週間（12日）以上にわたって連続勤務を行い，その間，連日，深夜時間帯に及ぶ時間外労働を行った

ことをあげています。

　最低でも週に1日は休日を取らせることが重要で，連続勤務が常態化している場合はリスクが高いことの認識が必要です。

(2)　リスクはどの程度か

　労災認定基準の「特別な出来事」として「発病直前の1か月におおむね160時間を超えるような，又はこれに満たない期間にこれと同程度の（例えば3週間におおむね120時間以上の）時間外労働を行った（休憩時間は少ないが手待時間が多い場合等，労働密度が特に低い場合を除く）」との記載があります。

　同じく「特別な出来事以外」の心理的負荷の強度が「強」の事例として

- 発病直前の連続した2か月間に，1月当たりおおむね120時間以上の時間外労働を行い，その業務内容が通常その程度の労働時間を要するものであった
- 発病直前の連続した3か月間に，1月当たりおおむね100時間以上の時間外労働を行い，その業務内容が通常その程度の労働時間を要するものであった

との記載があります。これらの記載に該当する事例であれば非常にリスクが高いと思われるので，紛争予防に力を入れる必要があります。

(3)　解雇・自然退職扱いを避ける

　休職期間中に問題が顕在化することは少なく，やはり解雇・自然退職扱いを会社が示唆・通知をすると休職者が「自分の体調が悪いのは会社の長時間労働が原因です」と声をあげて会社の解雇や自然退職扱いに異議を述べることが多

いです。長時間労働でリスクが高い事案の場合は休職期間の延長も含めて話し合いの時間をとり，なるべく解雇・自然退職扱いを避ける必要があります。

⑷　話を聞く，共感を示す，場合によっては謝罪をする

多くの従業員は「多額の賠償を会社に請求してやろう」と初めから考えて請求しているわけではなく，「これだけの長時間労働をして体調不良になっているのにクビになるのか」と憤る気持ちからスタートしていると思われるので，話し合いの中で共感を示す，場合によっては謝罪をする等が必要になります。謝罪をして法的に不利になるかというとそうとは限らず，紛争予防・早期解決に資することが多いです。

⑸　合意退職の内容

長時間労働により精神疾患を発症した疑いのある事案で，会社と従業員が話し合って合意退職する場合，実は合意退職の内容には悩ましい論点が含まれています。退職合意書のひな形には清算条項という「合意書を交わしたのちはお互いに何らかの請求をしたり訴訟を起こしたりしないこと」を約束するものでありますが，多くの場合に安全配慮義務違反があることを前提に説明をして合意退職に至るわけではありません。そのため，合意退職をしたとしても，その内容に不満であれば，「あの合意は安全配慮義務違反による損害賠償請求があることを前提にしたものではない」として合意内容を争うことは理論的には可能です。少なくとも本人に不満が残らないように金銭についても配慮した内容で合意退職の内容を決める必要があります。

6-4-2　パワーハラスメントと休職期間満了退職（解雇・自然退職）のケース

⑴　リスクが高いことの認識

パワーハラスメントによりメンタルヘルスに不調を来し，休職するケースも多いです。いわゆる被害者が受けたとするパワーハラスメントにはさまざまなものがあり，法的にはパワーハラスメントには当たらないものも多いです。そのため，パワーハラスメントがあったのかなかったのか，そのパワーハラスメ

ントの心理的負荷の強度はどの程度なのかにより企業が負うリスクには違いがあります。

(2) リスクはどの程度か

「特別な出来事以外」の心理的負荷の強度が「強」の事例として

- 部下に対する上司の言動が，業務指導の範囲を逸脱しており，その中に人格や人間性を否定するような言動が含まれ，かつ，これが執拗に行われた
- 同僚等による多人数が結託しての人格や人間性を否定するような言動が執拗に行われた
- 治療を要する程度の暴行を受けた

との記載があります。

長時間労働よりも，非常に判断が難しく，どの程度のリスクがあるかは判断が難しいが，被害者と言われるほうがパワハラ被害を訴えている場合，内容はともかく紛争に発展する可能性は十分あるので，「パワハラに当たらない」として話し合いもせずに休職期間満了の退職扱いや解雇をするのはリスクがあります。

(3) 解雇・自然退職扱いを避ける

解雇・自然退職扱いをなるべく避けることは6-4-1と同じです。法的にはパワーハラスメントには当たらないような事例であっても，紛争化を避けるために話し合いによる合意退職が望ましいです。

(4) 話を聞く，共感を示す，場合によっては謝罪をする

6-4-1と同じです。パワーハラスメントに当たるか否かの法的な問題は置いておいて，話を聞いて気持ちや感情を理解し，場合によっては謝罪をする必要があります。

(5) 合意退職の内容

合意退職が成立し，清算条項があったとしても法的リスクはゼロにならないことは1と同じです。少なくとも本人に不満が残らないように金銭についても

配慮した内容で合意退職の内容を決める必要があります。

6-5　精神障害について従業員（元従業員）が労災申請を行った場合の対応

精神障害について従業員（元従業員）が「労災申請を行いたいので協力してほしい」と求めてくることがあります。このような場合は，会社はどのような対応をしたらよいでしょうか。

6-5-1　事業主証明

従業員が労災申請を行う場合には，従業員等が休業補償給付等の労災保険給付の請求（労働者災害補償保険法12条の8第2項）を労働基準監督署長に対して行うことになります。事業主は，労災保険給付等の請求書において，①負傷または発病の年月日および時刻，②災害の原因および発生状況等の証明をしなければなりません（労働者災害補償保険法施行規則12条の2第2項等）。

しかし，精神障害の場合は，従業員が記載した災害の原因，発生状況について，会社に異議がある場合が多く，このような場合は事業主証明の欄に会社印を押すべきではありません。ではどうしたらよいのか，このような場合は会社が意見書（図表6-2）を作成し，労働基準監督署に提出するべきです。

図表6-2　労災申請に関する意見書（サンプル）

平成　年　月　日

○労働基準監督署御中

○株式会社
代表取締役

　　　　　　　　　○氏の労災申請に関する意見書

○氏の不就労や疾病に業務上起因がないことを，下記の通りご説明いたします。

記

1．○氏の業務内容と業務負荷について

2．○氏の労働時間について
　別紙資料２－③出勤簿の通り，平成○年○月から平成○年○月まで，○氏の残業時間は僅かで，ほぼ所定労働時間勤務していた。また，年次有給休暇も取得していた。

3．○氏の業務上の心理的負荷について
　⑴　人事異動
　⑵　人事総務部が行った調査
　⑶　○氏の職場環境について
　⑷　その他の考慮点

4．○氏の言動の不安定性について

5．結論
　以上の通り，○氏の業務担当負荷，労働時間，業務上の心理的負荷，言動の不安定性を考慮すると，○氏の休務および病気は，○氏の個人的資質によるものであり，業務上起因ではないことは明白である。よって，当社は，○氏の労災申請に対し事業主証明をしないこととした。

6．添付資料
　　『○氏関連　主要出来事に関する時系列整理』

以　上

6-5-2　意見書作成

⑴　事業・業務内容

　労働基準監督署が正確に会社の事業および労災申請者の業務内容を理解しているとは限りません。また，会社が口頭で労働基準監督署に業務内容を説明する機会があったとしても，その内容が正確に共有されるとは限りません。会社が詳細に会社の事業および業務内容を記載する必要があります。

(2)　労働時間

　長時間労働の事案では，労働時間の認定が労災認定を左右します。タイムカードがあったとしても，休憩の有無，労働密度等は不明であり，会社からの説明が必要です。実は会社を抜け出して仕事をしていなかった，インターネットでアダルトサイトばかり見ていた等の証拠も添付することがあります。

(3)　ストーリーにする

　会社はどうしても従業員側から言われたことに反論することに終始してしまう傾向がありますが，会社からみたストーリーがあるはずです。部分的な反論だけではなく，ストーリーがわかるような記載を行うべきです。労災認定も判断に悩めば最終的には全体の印象も重要となるはずですのでストーリーがわかるような記載を心がけ，事案の全体像が伝わるように心がけるべきです。

(4)　私生活上の問題

　精神疾患については，私生活上の問題が影響を与えていることも多いです。プライバシー侵害になるような記載をすることはできませんが，本人の言動等を記載する場合もあります。

　＊1　厚生労働省「心理的負荷による精神障害の認定基準について」（平成23年12月26日基発 1226 第 1 号）

第 **7** 章

事例紹介

　この章では29の悩ましい状況について，産業医と弁護士の立場から対処法を説明します。事例については，判例を要約したと明示しているものを除き，いずれも架空のものです。特定の人物・組織を意図したものではありません。

7-1　採　用

 ## Case 1　入社してから言わないで

> 　80人ほどの従業員を抱える不動産取引業の人事部長です。入社3か月目の35歳の男性の営業職について，相談させてください。
>
> 　採用面接では，前職の給料が低く家族を養えないからという理由で転職してきました。前職も別業種ですが営業をしており，受け答えもしっかりしていることから，即戦力になってくれると考えました。また，体もがっしりしており，繁忙期でも力を発揮してくれるだろうと期待していました。
>
> 　当初は，配属店舗での仕事ぶりもおおむね問題ないとの報告を受けていたのですが，突然本人から上司に「私は以前体調を崩したことがあるんです。今は薬は飲んでいませんが，通院して診察とカウンセリングは続けています。最近，眠りが悪くなってきたので主治医に相談したところ，残業はほどほどにしておいたほうがよいと指導を受けました。すみませんが，21時ぐらいまでには帰してもらえませんか」と申告がありました。そこで上司から私に相談がきたという流れです。
>
> 　この業界の今の時期は暇な時期です。この時期にこんなことを言ってもらっていたら，繁忙期には使いものになりません。本人のためにもならないと思うので，「この会社にいるのは諦めたほうがよいのでは」と伝えようと思います。そもそも，そんな状態でしたら，入社面接で本人が申告しないといけないのではないですか。ルール違反だと思います。

🩺 産業医の視点

　定時が18時までとして，21時まで仕事をするとなると，1日3時間の残業です。週休2日で休日出勤がないと考えれば，月当たりだと60時間程度になるでしょうか。

　入社面接で本人からの申告がなかったとのことで，「裏切られた」という気持ちが背景にあるようにお見受けしますが，現状の法律では，時間外・休日労働は原則月45時間・年360時間までです。特別な事情があった場合でも，２～６か月平均で月間80時間が上限となっています（＊１）。入社３か月で様子見のところもあろうかと思いますが，仕事ぶりに問題がなかったのであれば，引き続き仕事をしてもらうほうがよいのではないかと感じます。

　この相談で気になったのは，本人の体調と21時までの勤務という点です。この申請に至った経緯をもう少し確認してみてはいかがでしょうか。もしかすると，本当は主治医から本人へは残業自体を極力避けるように説明されているものの，本人の考えで21時までと言っている場合も考えられます。休日出勤など他にも留意してほしい事項があるのかもしれません。体調は変動しますし，ある程度柔軟に対応することも大切ですが，聞いていなかったことが後からさらに出てくる形は極力避けるべきでしょう。

　今は，産休や育休，家族の介護など，労働時間に制約がありつつ，その時間内で力を発揮してもらう従業員がいることが当たり前の時代です。このケースについても，産業医にも関与してもらいつつ，過去に体調を崩したときの状況なども把握した上で，双方の落としどころを見つけることができればと思います。

✒ 弁護士の視点

　本人が自己申告をする場合，実は健康状態が自己申告より悪化している場合があります。貴社の社風には合わないかもしれませんが，一方で会社として安全配慮義務違反を負うわけであり，まずは本人同席で主治医面談を行うことをお勧めします。書面のみでは主治医の意図は伝わりづらいです。

　百聞は一見にしかずで，主治医に会って話を聞くといろいろなこと（通院時期，現在の体調，服薬の有無）がわかり，まずは情報を収集することをお勧めします。

　会社が社風として長時間労働を前提としないといけないのかもしれませんが，それなりの成果をあげて仕事をしているのであれば，本人の体調維持のために配慮をして会社のために働いてもらうことが会社にとっても利益になります。

　なお，このような事例で退職勧奨を行われる，退職をしてもらったとしても，その後未払い残業代請求等を行われることが多く，その点のリスクも考えたほうがよいかと思います。

＊1　厚生労働省「時間外労働の上限規制わかりやすい解説」(2019年)
　　　https://www.mhlw.go.jp/content/000463185.pdf

7 - 2　治療前

 病院に行かない

　製造業の現場係長です。部下のことで手を焼いています。中途入社で入ってきた入社 3 年目の38歳の男性社員なのですが，調子が悪い日が続いているにもかかわらず，なかなか病院に行ってくれません。

　振り返ると，もう 4 か月ぐらい前のことです。最初はボーっとした顔をしているので，「夜更かしでもしたのか？　ほどほどにな」と声をかけました。そのぐらいならまだしも，最近は昼ごはんの後にウトウトしていたり，入力したデータが間違っていたりします。以前のように他の人と雑談することもなくなりました。日中に仕事が進んでいないせいか，残業することも多くなっています。それに，先日は風邪ということで 2 日ほど休みました。

　これはメンタルヘルス不調かもしれないと思い，あらためて本人に声をかけて話を聞いてみました。本人にも自覚はあって，「職場に迷惑をかけてすいません」と謝るばかりです。何か原因でもあるのか聞いてみたのですが，目を伏せるばかりで答えてくれません。私からは「調子が悪いならば，きちんと病院に行くんだぞ」と伝えましたが，本人からは，「いやもう風邪も治りましたから，病院に行くほどでもないです」と答えるばかりで，病院に行きそうな気配もありません。

　調子が悪くなり始めた当初は周りも「調子悪いなら，無理するなよ。手伝うことはないか」と声かけしてくれてやさしく見てくれていたのですが，最近では「こんなにズルズルと長引かせるなんて，自己管理がなっていない。本当に調子が悪いのか」という声があがってきています。私としてもこれ以上はかばいきれません。

🩺 産業医の視点

　以前より精神科・心療内科の敷居は低くなりましたが，病院を受診したくないという人は一定程度います。自分は病気であるとは信じたくない気持ちが投影されていることや，家族・親族が病院を受診したときにいい思いがなかったこと，住宅ローンを組む前に治療歴があることを避けたいという気持ちがあることなど，いろいろな事情を聞いたことがあります。

　まずは本人の気持ちをくみ取りつつ，状態が悪いことについて事例性をもとにしながら本人に伝えていきましょう。その上で「いまの状態が続くと，私としても心配なんだ」というメッセージも併せて伝えていく方法もあります（「コラム　アイメッセージ，ユーメッセージ」参照）。受診したくない気持ちや背景を聞くことができれば，対処できる部分があるかもしれません。

　なお，どうしても受診してもらえない場合には，将来について約束してもらうという方法もあります。例えば，「次に，仕事中に昼寝が目立ったら（もしくは，遅刻してきたら等）病院に行って病気が原因になっていないか確認することを約束してほしい」という言い方です。強制的に病院を受診させることや，本人の意思を無視して家族に状況を伝達することは，生命の危険があると考えるような場合を除き避けたほうがよいでしょう（「Case18　死にたいと言っています！」参照）。

　産業医や産業看護職といった専門スタッフがいるのでしたら，専門家に面談をしてもらい，医療機関を受診する必要があるかを判断してもらう方法が最善です。上司や人事担当者が本人に「心療内科に行ったら？」と科を指定して受診を勧めるのはなかなか難しいものです。しかし専門職ならばどの科に行くとよいかのマネジメントもできますし，当人の納得感も得やすくなります。医師であれば紹介状を作成することもできます。

弁護士の視点

　このような人は珍しくなく，精神科・心療内科に受診することが適切ではあると思われるのに，本人は頑として受診することを拒みます。一方で，産業医や産業看護職といった専門スタッフとの面談は比較的抵抗なく受け入れてもらえる傾向がありますので，まずは産業医または産業看護職との面談を設定することが有効なケースがあります。実際に産業医の先生に説明を受けると，大分考えも変わり，精神科・心療内科への受診を受け入れてもらえる場合があります。社内に産業医や産業看護職の専門スタッフがおらず，本人が精神科・心療内科への受診に抵抗がある場合であっても，外部の産業保健総合支援センター等の産業看護職への面談であれば抵抗なく受け入れてもらえる可能性がありますので，面談を勧めてみてはいかがでしょうか。

7-3　休職中

 Case 3 休職中に海外へ

　製造業の人事総務を担当しています。

　ある30代の社員がうつ病で休職中なのですが，少し困ったことが起きました。他の社員から「あの人のFacebookみてください。休職中にもかかわらず海外旅行をしていますよ。しかも結婚式を挙げています。放置していいのですか」との問い合わせがありました。慌てて確認してみると，満面の笑みで海外挙式をしている写真が並んでいました。モルディブで挙式したようでした。呆れてしばらく声が出ませんでした。

　当社では前代未聞の出来事で，役員の中には「懲戒解雇ものではないか」との声があがっています。

　本人を呼び出したところ，「主治医から好きなことをしていいと言われたので海外に行った」と悪びれることなく報告をしてきました。

　今後，どう対応したらよいでしょうか。

✒ 弁護士の視点

　休職期間中の問題行動については，マガジンハウス事件（東京地判平20.3.10労経速2000号26頁）があります（4-4-1参照）。

　この事件は，配転を命じたところ，これを拒否し，うつ病により休職し始めた社員を休職期間中の問題行動等を理由に普通解雇した事例です。休職期間中，会社への抗議行動や過激な表現による会社批判（ブログでの批判等）のほか，オートバイを乗り回し，ゲームセンターや場外馬券売場に出かけたり，旅行を繰り返したりしたため，配転命令拒否，会社の信用・名誉毀損，服務規律違反（療養専念義務違反）を理由に普通解雇しました。

　裁判所は配転命令拒否による解雇を有効としつつも，オートバイを乗り回し，ゲームセンターや場外馬券売場に出かけたり，旅行をしたりしたことは主治医が特に問題視していないため，会社がこの点を処分することはできないという判断を示しました。

　この裁判例を本事例に当てはめますと，主治医の見解次第では，主治医が「海外旅行もたまにはいいですよ」といえば，休職中の海外旅行もそれ自体は服務規律違反等に問えなくなってしまいます。

　精神医学の分野はなかなか割り切れないところが多くあるのか，主治医の見解に裁判所が従ってしまうことが多くあり，実務上非常に悩ましい問題です。

　ただ，設問の事案では主治医が果たして海外旅行を許可していたのかは，実際に会って確かめる必要がありそうです。実際に面談をしてみると「いや，そんなことは言っていない」という可能性もあります。

　また，実際には本人が仕事への情熱を失っていることも多く，休職中の海外旅行について問いただしている内に話し合いで退職することもあります。

　まず，本人，主治医とコミュニケーションをとることが重要です。

産業医の視点

　マガジンハウス事件では，本人が会社と関与する行動をとることを禁忌と指導していた点や，頻繁な外出・遊び，宿泊を伴う旅行について，病状に影響を及ぼしたとまで認める証拠がないことが裁判所に認定されました。

　転地療養や湯治という言葉があり，場所を変えて療養することに一定の治療効果があると世間で言われることがあります。ただ，実際に有効なのか否かは不明です。メンタルヘルス不調は悪化することがあり，主治医から距離が離れすぎると緊急の対応が難しくなります。医師により意見の分かれるところだと思いますが，原則宿泊を伴う旅行は避けたほうがよいのではというのが，産業医としての筆者の意見です。

　なお旅行自体というよりも，その行為が人に知れわたることで結果的に本人の処遇に不利になるような行動をとってしまうことに，本人の考えが至っていない点が特性上の課題なのかもしれません（もちろん休業中に結婚することに異を唱えているわけではありません）。

　また，本件で裁判所は，「満額の賃金を支給しながら私傷病欠勤を認めていることが，療養に専念できるための環境を経済面で整え，療養を支援する趣旨」であることから，「休職期間中，前記の趣旨を踏まえた生活を送ることが望ましいというべき」であり，「就業規則に即した服務規律違反が問われることは

やむを得ない」と認定しています。

　趣旨を踏まえた生活という意味では，日常生活が可能な状況になっている状況下であることを生活記録表で確認をしつつ（2-6-1参照），少しずつ負荷をかけてもらい仕事に近い負荷でも不調にならないことを確認することが必要だったと考えられます（2-6-2参照）。

　なお，公務員の処分の中に，病気休暇中，病気休職中に旅行したこと（＊1，2），病気休暇中にパチンコ店に行ったこと（＊3）に対する処分を受けた事例が報道されています。いずれも判例ではありませんし，病気もメンタルヘルス不調を理由としたものだけではない点に注意してください。

　＊1　産経新聞デジタル「『転地療養のため』病気休暇中に無許可で海外旅行　神戸市職員を処分」（2014年9月6日）
　＊2　毎日新聞ニュース「大阪府教委　休職中にヨーロッパ旅行で32歳女性教諭処分」（2017年2月10日）
　＊3　松原市「職員の処分について（平成26年8月29日）」（2014年）

Case 4　休職期間中連絡が取れない従業員への対応

当社は従業員200名で衣料品卸業を行っています。20代の若手男性従業員が
うつ病になり休職しています。1年間の休職期間満了が近づいていますが，メー
ル，電話，手紙に返事がありません。退職手続をするにしても連絡を取る必要が
あります。どうしたらよいでしょうか？

弁護士の視点

　同種の裁判例（ワコール事件・京都地判平28.2.23労働判例ジャーナル51号13
頁）があり，以下場合を分けて記載いたします。

1　主治医等から接触することを制限されている場合

　5-2-3(1)にあるとおり，主治医が会社関係者との接触を禁じていた場合は
もちろんのこと，このような診断書の記載がある場合，念のため主治医に連絡
をして面談が可能か確認をしたほうがよいと思われます。

　会社関係者単独での面談ができなければ主治医や産業医同席の面談が可能か
問い合わせるべきです。最終的には当該従業員とは書面でのやりとりしか認め
られない可能性もありますが，やむを得ません。

2　特に主治医等から接触することを制限されていない場合

　5-2-3(2)にあるとおり，特に主治医等から会社関係者との接触を制限され
ておらず，電話やメールでも連絡が取れない場合は，直接自宅を訪問するしか
ないと思われます。

　両親に連絡を取る方法もあり，このような方法で解決した事案も過去にはあ
りましたが，現在は両親には知られたくなかったとしてプライバシー侵害等の
別のトラブルが起こるおそれがあり，お勧めできません。

産業医の視点

　今回のケースでは治療を自己中断している可能性があります。これにより方
針が大きく変わるでしょう。

　社労士としての視点も入れつつコメントしてみます。本事例の場合，診断書や傷病手当金の受給申請書はどうしていますか。もしこれらの書類が会社に届いており，医療機関受診欄が埋められているのでしたら，受診をしていることは間違いないでしょう。この場合，医療機関とコンタクトを取り，「現状，本人と会社との連絡が取れないこと。病状が悪く会社と連絡を取るのが難しいのであれば，その旨を記載した診断書を発行してもらいたいこと」を依頼していくことになるでしょう。

　一方で，診断書や傷病手当金の受給申請書が届いていない場合は，医療機関を受診しているかの確認さえできません。こうなると本当に悩ましい事態です。どのような方法を使うかは本人の年齢や家族構成・性格などを踏まえた総合判断になろうかと思いますが，以下のような視点を踏まえ連絡を取る方法を考えることになります。

① このような状態だと自殺のリスクが高いです。このため身の安全の確認・確保の観点から本人の自宅を訪問することが必要です。自宅を訪れても反応一つないような場合には，家主や警察へのご相談も考えたほうがよいでしょう。

② 診断書などがないと，病気の証明がされておらず病気休職制度を継続できなくなりかねません。この時点ですでに処罰や退職につながる行為だということを本人に伝えることで，本人からの動きを期待できるかもしれません。

③ 傷病手当金がないと，社会保険料の個人負担分（会社が肩代わりしているもの）が積みあがります。医療機関未受診の期間について，主治医も申請書の記入を忌避する可能性があります。社会保険料は相当の金額になりますので，現時点での費用を本人に伝えつつ，これ以上待てる状態にないこと，早急に医療機関の受診を再開する必要があることをお伝えする方法もあるでしょう。

7-4　復職前後

 本人が戻ってきたいといったから戻したのに…

　営業会社の人事課長です。中途入社で入ってきた28歳の女性社員が入社1年半でうつ状態の診断書をもって会社を休むことになりました。

　休みの最初の頃，本人から上司に週に1度は連絡があったのですが，休み始めて1か月ほどした頃に「主治医の先生から『頻繁に会社と連絡を取ることがプレッシャーになっているのでは』といわれました。ですので，しばらくは連絡を控えさせてください」と連絡がありました。

　当社では3か月の病気欠勤の後，休職に入ります。休職開始まであと1か月の時点で休職発令の事前連絡を本人にしました。変な刺激を与えぬように淡々と事実を伝えるだけにしました。体調のことは聞きませんでしたが，声は明るいとはいえない状況でした。ですので，まだ時間はかかるだろうと思っていました。

　それから2週間ほどしたまもなく休職に入る頃，突然本人から電話があり「体調も良くなってきました。主治医の先生からもOKが出ています」と連絡がありました。人事手続きのこともあり，その翌週から復職させるようにしました。

　来週になり出社してきたらびっくりしました。朝礼からボーっとしている状況で，後は上司に会釈するぐらいで，休み中にフォローしていた同僚には何もいいません。声も元気がありませんし，席でパソコンの前に座っているだけです。4か月も休んでいたのに，いったい何を考えて復職したいと申請してきたのか，さっぱりわかりません。

産業医の視点

　「復帰したいといってきた人を復帰させただけなのに，なぜこんなことになってしまうんだ」と考える人事課長の悩みは心情的には理解できます。しかし，メンタルヘルス対策が十分でない会社ではこのようなことが発生します。

　復帰したものの体調の回復が良くなく，十分に働けない事態が多発するようになると，「だからメンタルヘルスは難しい」「メンタルヘルスの診断書が出るような状況になると，どうせ復帰しても使いものにならない」という考えを持つようになります。これは会社にとっても従業員にとっても不幸な状況です。

　ここでのキーワードは，①休みの間も定期的な連絡を取る，②職場復帰をする際に必要な書類を求めることでしょう。

　①「休みの間も定期的な連絡を取る」ことは重要です。目的は，会社との関係性の確保や，治療・療養に課題が発生していないかの確認，随時病状の回復を確認することなどがあります。今回のケースでも定期的な病状報告があれば，回復がどの程度か推測できたかもしれません。なお，定期的な連絡の必要性については，就業規則や対応マニュアルにも明確に示している企業が多くあります。頻度は 2 週〜 1 か月に 1 度が順当だと感じています。

　なお，今回のケースのように，本人や主治医から担当者が本人と連絡を取ることを避けるよう依頼が入ることがあります。その場合には，休職が必要という診断書の中に「現在の病状では会社と連絡を取ることを避ける必要がある」という一文を入れてもらうようにしています。これは「あくまで病気が理由で，『休職中に定期的な連絡を取る』という会社と本人との取決めを一時停止している状態であり，ある程度病状が回復すれば定期的な連絡が取れる状態になることを会社として求めている」「本人が意図的に会社との取決めを破っているわけではない」ということが明確になります。

　②「職場復帰をする際に必要な書類を求める」ことも重要です。必要な書類の詳細は 2 - 7 - 2 に示しています。休業している本人が職場復帰を焦る気持ちから，（内心は回復が不十分だと認識していても）「仕事ができるまで回復した」と人事担当者に伝えることはよくあります。また，主治医に相談せずに（もしくは主治医には事後報告をするつもりで）職場復帰をすることもあります。必要な様式を整えることだけですべてのメンタルヘルス課題が解決するわけではありませんが，不十分な回復状況で復帰するというお互いに不幸な出来事を防止することができることもあります。

✒ 弁護士の視点

　「朝礼からボーっとしている状況で，後は上司に会釈するぐらいで，休み中にフォローしていた同僚には何もいいません。声も元気がありませんし，自席でパソコンの前に座っているだけです」という状態が続くことは会社にとっても本人にとっても望ましいことではありません。

　このような場合には，主治医や産業医の意見を聞いた上で，話し合いをして本人の同意の下，休職に入れることも可能です。就業規則の条文の構造上，休職の前に一定の欠勤を求めている場合があります。本事例では，休職に入る前に前提の欠勤段階で職場復帰をしてしまいました。そうなるとまた前提の欠勤を経ないといけないように思えますが，条文の構造上休職の前に一定の欠勤を例外なく求めている場合は，やはり欠勤期間を置いたほうがよいかと思います。J学園事件（東京地判平22.3.24労判1008号35頁）では，裁判所は，前提となる欠勤期間（90日間）を経ずに休職期間満了で解雇をしたことについて，欠勤期間を置けば回復可能性があり解雇は無効であると判断しましたので，万が一のリスクを考えて就業規則には従ったほうがよいです。

　では，本人が欠勤に応じない場合はどうしたらよいでしょうか。理論上は，労務の提供が不完全であるとして（債務の不完全履行），休職に入れることも可能ですが，お勧めできません。と言いますのも，定時に出勤退勤ができる以上，労務の提供が不完全であるか第三者は簡単に判断できず，かつその後体調が回復する可能性もあるからです。主治医，産業医と相談の上，業務内容の負荷を少しずつ上げていき，その過程で話し合いの機会を持つほうがよいと思います。多くの場合，自分の体調が回復しないことを自覚していきますので，休職に同意するに至ります。

主治医からの業務軽減要求

Case 6

　飲食業で人事総務を担当しています。

　店長の男性が欠勤し，その後休職に入りました。診断書には「抑うつ状態」との記載があり，しばらく休養が必要とのことでした。

　当社は慢性的な人手不足の状態にあり，欠勤・休職は痛手ですが，致し方ないとして休職を認めました。実は，当社でメンタルヘルスに不調を来して休職をするのは彼が初めてです。

　主治医から「職場復帰可能」との診断書が出たのですが，加えて「段階的な復帰が必要」との記載がありました。店長職の彼の代わりにはすでに他の店長が職務に就いており，必ずしも店長職で復職する必要はないのですが，「段階的な復帰」では体調が回復したとは言えないと思いますし，慢性的な人手不足が続く当社では「段階的な復帰」を認める余裕はありません。

　「段階的な復帰」をお断りして休職期間満了による自然退職扱いをしてよいものでしょうか。

弁護士の視点

　現在の裁判例では，従前の職務を通常に行える程度に体調が回復した場合だけではなく，当初軽易な業務に就かせればほどなく従前の職務を通常に行える程度の健康状態であれば休職事由が消滅したと考えてよいと言われています。また，当初軽易な業務に就かせればほどなく従前の業務を通常に行えない場合であっても，現実的に配置転換可能な業務があり，本人が他部署への配置を申し出ている場合には休職事由が消滅したと言えるとされています（片山組事件・最判平10.4.9労判736号15頁）。

　そのため，すぐに従前の職務を通常に行えるような体調でなくとも，当初軽易な業務に就かせ，ほどなく従前の業務を行えるのであれば復職させる必要があります。また，店舗勤務が難しい体調であっても，本人の知識・経験・能力・意欲から配置転換可能な業務があるのであれば，この場合も復職させる必要があります。

　本事例では，主治医は「段階的な復帰が必要」と述べていますが，本人の業

務を理解した上で「段階的な復帰」が必要と述べているのかが不明です。そのため，このような事例の場合は，できれば本人同席の上で主治医面談を行うことが望ましいです。会社が主治医に対し本人の業務を説明し，主治医が理解することで「段階的な復帰」が可能か，その他，現実的に配置転換可能な業務があるかどうかの議論をすることが可能です。また，産業医を選任しているのであれば，産業医にも「段階的な復帰」をどのようなステップで行うか意見を聞く必要があります。

　以上のプロセスを経ないで自然退職扱いや解雇をしてしまえば，法的には無効となる可能性があり，紛争や訴訟に発展する可能性がありますので，注意が必要です。

🩺 産業医の視点

　段階的復帰という事象は筆者もよく目にします。今回の場合でも見え隠れするのですが，「段階的復帰」という言葉の受け取りが人によって異なっている可能性が高いと感じます。まずは，具体的に本人からヒアリングし，判断がつかぬ場合にはあらためて主治医とコミュニケーションをとってはいかがでしょうか。

　ヒアリングのポイントとしては，①復帰直後の業務負荷（量，質）をどの程度軽減してほしいのか，②労働時間をどの程度軽減してほしいのか，③どのぐらいの期間をかけて，通常求められるパフォーマンスを発揮する考えなのか，もしくは永続的な業務軽減を期待しているのか，の３点です。極端な例ですが，３割の業務負担での復帰から始めて１年間かけて段階的に回復したいと言われると会社も承知しにくいでしょう。一方で，８割の業務負担で開始し１か月で10割に戻していきたいと当人が考えているならば，会社として許容すべきです。段階的復帰という言葉だけでなく，できるだけ具体的な形に落とし込むことで，見えてくるものがあります。

　それに加え，このような条件付きの復職許可の診断書が出た場合，休職者にその経緯を丁寧に確認することをお勧めします。例えば，「休職者が主治医に頼み込んで復職可の診断書を出してもらったが，復帰について主治医は時期尚早だと思っている事例」もありますし，「休職者の体調はおおむね通常勤務が

可能な状態にまで整っているが，念のため段階的な勤務をしたほうが無難と主治医が判断した事例」などもあります。段階的勤務について，主治医からの提案なのか，休職者から主治医に依頼したのかも併せて確認しましょう。

　これらをヒアリングする中で，本人と会社との折り合いがつくのか検討することになります。もちろん当人が今どのような体調まで回復しているか，復職の準備がどの程度整っているかを確認することを忘れないでください（2-7参照）。軽減業務などリハビリ勤務制度については，2-9-4を参照してください。

Case 7 主治医からの異動要求

> 製造業の人事総務を担当している者です。
>
> ある製造現場で，上司と部下の人間関係がうまくいかず，部下から「人格を否定するような発言をされた」とのパワハラ被害の申告がありました。ヒアリングをしたところ，「部下が重大な労働災害を引き起こすようなミスをしたため，つい怒鳴ってしまった。反省している」とのことでしたが，人格を否定するような発言はしていないということで，上司も反省していたこともあり口頭注意で終えました。
>
> ところが，その部下はその後欠勤が続き，「うつ病」との診断書を提出してきて，休職を希望してきたため，就業規則に基づいて休職となりました。
>
> 休職期間中は特に会社から連絡をしなかったのですが，休職期間満了が近づいてきたので連絡をしたところ，主治医から復帰可能との診断書が出てきました。診断書には「復職可。職場環境の改善が必要」と記載がありました。本人に希望を聞いたところ，本人ももとの部署から異動させてほしいと強く希望してきました。
>
> 当社では前例のないことであり，対応に苦慮しております。本人の言い分を聞いたほうがよいのでしょうか。

弁護士の視点

　まずは，本人同席での主治医面談，それが難しいのであれば主治医に対して情報提供を依頼してみます。特に主治医面談をすると思いがけない主治医の意見や本人の気持ちも併せて聞くことができて参考になることが多いです。

　本事例はパワハラがあったかが微妙な事例ですが，上司との関係を修復することは難しいかもしれません。法的には必ずしも配置転換をする義務があるとはいえない事例ですが，配置転換可能な職場があるのであれば，配置転換を行ってもよいかもしれません。

　「そんなワガママを認めたらキリがない。会社運営ができない」と思う人もいらっしゃるかもしれませんが，パワハラトラブルの1つの類型に「どうしても人間的にウマが合わない」というものがあります。他の部下や上司であれば

何の問題もなく業務ができているのに，特定の上司や部下になると途端に衝突することになりパワハラトラブルに発展するというものです。このような類型に当たる可能性が高いのであれば配置転換を行うべきかと思います。

産業医の視点

　職場のハラスメントが問題となり，パワーハラスメント対策の法制化（労働施策総合推進法）がされました（施行日：2020年6月1日）。指針を行政で作成され，ハラスメントに該当しないと考えられる例として，「その企業の業務の内容や性質等に照らして重大な問題行動を行った労働者に対して，一定程度強く注意をすること」があげられています（＊1）。本事例では，参考になる情報だと思いましたので，紹介しました。とはいえ，ハラスメントは個別的な対応や判断が必要ですし，本件説明だけでハラスメントか否かを判断することは難しいのも忘れてはなりません。

　本事例では，休職期間中に会社がご本人とコミュニケーションをとっていないため，ご本人の心境を推察するには情報が少ない状況です。とはいえ，上司との関係性の中でうつ病を発症し，しかも休職期間満了間近まで回復に時間がかかっていることを踏まえると，叱責されたという出来事が本人にとって尾を引いているようにも見えます。今回の出来事だけに注目するのではなく，休職者の今までの仕事ぶりや対人関係を振り返ってみましょう。他の上司であればうまく仕事ができていたのか，過去に同様のトラブルがあったのかを考え，判断することがポイントになりそうです。

　なお，ハラスメントに関しては行政からもいろいろな資料が出ています。引用した資料は，パワーハラスメントに関して基礎的な知識を得ることができるだけでなく，実際にハラスメントの訴えがあったときの対処法が記載されていますので，人事担当者は一度目を通しておくことをお勧めします（＊2）。

＊1　厚生労働省「事業主が職場における優越的な関係を背景とした言動に起因する問題に関して雇用管理上講ずべき措置等についての指針」（2020年）
　　　https://www.mhlw.go.jp/content/11900000/000584512.pdf
＊2　厚生労働省「パワーハラスメント対策導入マニュアル（第4版）」
　　　https://www.no-harassment.mhlw.go.jp/jinji/download/

Case 8　リワーク卒業できましたよ！

　私はある大手電機メーカーの関係会社で総務室長をしています。2か月ほど前に着任しましたが，それまでは別の関係会社の総務をしていました。

　私がこの会社に着任する前から休んでいる人なのですが，1年以上会社に来ることができない従業員がいます。彼女は55歳の女性社員で，実は今回の休業が3度目です。彼女の休職期間は満了まであと3か月です。

　前の総務室長からの引き継ぎでは，今回の彼女の休職の理由は営業課長との対人関係とのこと。とはいえ，営業課長に非があるとは会社は考えていません。彼女がパソコンの前に座って固まっていたらしく，新入社員でもできるような仕事もできていない状況だったと聞いています。営業課長が本人に「できないなら，何が難しいのか伝えてくれ。そうしないと指導のしようもないじゃないか」といったのが，再休職のきっかけになったと聞いています。

　前任の総務室長は，親会社が最近推奨しているリワーク施設でのトレーニングを本人に勧め，何とか参加してくれたことも聞いています。先日，産業医の先生に彼女の復職の面談をしてもらいました。産業医は，「体調は良くなっている。けれども，対人関係の課題は残っていますね。『あなたにも課題があるのでは』と本人に伝えたのですが，彼女からは『不調は会社のせいだった。会社がしっかりしてくれれば私は仕事ができる』と回答が本人からありました」との報告を受けています。

　先ほど，リワークカウンセラーの方と本人同席の上，話をしました。リワークでは，他の参加者とぶつかってしまい，その後5日間リワークに来なかったこと，リワークカウンセラーからの働きかけがあってようやくリワークを再開したことが話題にあがりました。そのことについて，彼女は「あの人がルールを破ったから指摘しただけなのに，向こうが嫌味を言ってきた。だから大きな声を出しただけです」「で，私はいつ復職できるんですか。約束通りリワーク卒業できましたよね」と主張してきました。

　リワークカウンセラーの人も顔が曇っていましたが，私もこの会社に来て早々，これでは正直つらいです。

産業医の視点

　着任早々難しい事態に出くわしましたね。今までの経緯をあらためて確認す

るとともに先を見すえながら対応することが必要です。

　まずは，リワーク開始前に本人・会社の担当者・リワークカウンセラーの 3 者で打ち合わせをしていると思います。そのときの記録を確認してみてください。リワーク支援の目標などが記載されていると思いますし，リワークの卒業がイコール復職であるとは説明を受けていないはずです。当然ではありますが，リワークは社外の組織が運営しているわけで，復職の可否判断という社内で決定すべき事項をリワークで決めるわけにはいきません。リワークを卒業すれば，復職ができるというのは本人の誤認なのだと思います。その旨を本人に伝えることが必要です。

　次に，対人関係の課題にどう向き合ってもらうかです。本人の自覚がないため，自覚を促すことは大変難しいのですが，一方で自覚がないからといって，会社が本人に対して問題点の説明・指導をしないのでは，本人に気づきの機会を与えられなかったとみなされてしまいます。

　過去の経緯を確認した上で，本人に説明します。例えば，「今までに職場を 3 回変わってきた。職場環境が変わったとしても，このような事態が起こってしまい，トラブルが起こったり，あなたが体調を崩したりしている。あなたは相手のせいだというが，これほど繰り返すのは会社ではまれなことである。あなたにも何らかの課題があったのではないかと会社としては考えている。今回，リワーク中でも同じようなことがあったわけだし，これから先，復帰した後に同じことを繰り返しては困る。繰り返さないようにあなたに考えてほしい」「あなたの職位では，職場の中で後輩に仕事を教えないといけない立場が求められる。部下や後輩がミスして自分が正しいからといって怒鳴るのは，あなたの立場として適切なのだろうか」といった形でしょう。つまり，求められる像を明確にしつつ，現状とのギャップを本人に自覚してもらうことや，ギャップを埋めるために会社が指導することが重要なポイントです。また，説明・指導を人事担当者が本人にする場合には，産業医やリワークカウンセラーに同席してもらうことも考慮してください。

　本事例は，医学的には発達障害やパーソナリティ障害が根底にある可能性が高い事例です。詳細を確認するために，産業医から主治医に問い合わせをしてもらうことも 1 つの方法です。リワーク中に GATB などの職業適性検査を受け

ている可能性や精神障害者保健福祉手帳を取得している可能性もあります。こ
れらの情報を会社が持つことにより復職場所を検討しやすくなる場合もありま
すが，一方で病名に固執することはミスリードになりかねませんし，合理的配
慮の観点からも細心の注意が求められます。

✒ 弁護士の視点

　O公立大学法人（労働契約上の地位確認等請求）事件（京都地判平28.3.29労
判1146号65頁）が参考になります。アスペルガー症候群の診断を受けた大学教
員について，大学法人が数々の問題行動が教員としての適性を欠くとして解雇
した事例です。

　判決では当該教員の問題行動を認めつつも，学校法人が有する問題意識を指
摘することや，当該教員に必要な配慮についてその主治医に問い合わせること，
アスペルガー症候群の労働者に適すると一般的に指摘されているジョブコーチ
等の支援を実施すること等，合理的配慮の内容を具体的に示した上で，改善の
余地はあり，各種改善の機会を与えない上での解雇は無効と判断しました。

　本事例はO公立大学法人事件とは事案は異なりますが，発達障害やパーソナ
リティ障害が疑われる事例です。ご本人とやりとりをするのみでは事態は改善
しないかもしれません。

　そのため，産業医の先生と連携を取りつつ，主治医の先生との面談（本人同
席）もしくは主治医の先生に情報提供書を作成してもらう必要があります。特
に本人同席の主治医面談では会社にとって驚くような情報を知らされることが
あり，主治医しか知らない情報が存在している可能性があります。

　その上で主治医の意見の通り，職場復帰への取り組みを進めていきます。本
人と主治医に信頼関係がある場合は本人も主治医の意見に従うことが多いです。

　その過程でトラブルが起きるかもしれませんが，その都度記録をしていき，
話し合いを進めながら万が一休職満了で退職（もしくは解雇）となった場合に
備えます。

　復職をする場合も，裁判所もこの分野については専門家ではないため，専門
家の意見を尊重することが多いです。

　そのため，本人の負担を軽減するために職位変更や職場変更を行うのであれ

ば，産業医のみならず主治医とも面談（本人同席）を行い，職位変更，職場変更について意見を求めます。職位変更や職場変更は使用者の裁量が広く認められておりますので，専門家の意見を聞いた上で実行できる場合があります。

で，車の運転は？

私は総務課主任です。80人ほどの会社で人事関係を担当しています。

先ほど42歳の女性社員について，産業医の先生に復職判定の面談をしてもらいました。彼女は適応障害と診断されていましたが，体調も戻っているし不調の原因となっていた家庭のゴタゴタもおおむね解消されたみたいです。そして，産業医の先生からは「特に問題はないでしょう。当面は残業と休日出勤は避けてね」というコメントをもらっています。

彼女は来週から復職するということで，面談終了後に駐車場まで雑談しながら送っていったのですが，そのときにこれはまずいのでは？ と思う事態に気づきました。

彼女はレンタカーで来ていたので，その理由を聞いてみたら，バツの悪そうな顔で「2週間ほど前，車をぶつけてしまって修理に出しています。明日には修理が終わるときいているので，今日限りです」「主治医からは車の運転について何も言われていません」「同じことしないように気をつけて運転します」との返答が返ってきたのです。

彼女は営業事務の仕事をしており，おおむねデスクワークなのですが，営業社員のサポートのため車を運転して現場に行くこともあります。通勤でも車を使用します。今回の事故は病気のせいなのでしょうか。それとも病気とは関係ないのでしょうか。本当に彼女は運転して大丈夫なのでしょうか。主治医や産業医にあらためて確認が必要なのでしょうか。

産業医の視点

病気と自動車事故との関連が報道される時代になりました。人事担当者の困惑はごもっともだと思います。

結論から言いますと，メンタルヘルス不調者の車の運転の可否について，会社内で判断することは避け，主治医や産業医の判断を仰ぐことを強くお勧めします。そして対応が難しい場合には，安全運転相談窓口を活用しましょう（＊1）。

運転を仕事とする人を対象とした過去の調査報告では，運転中に体調を崩した病気の内訳として，メンタルヘルス不調は4.0％とされており，脳や心臓の病気と比較するとそれほど多くありません（＊2）。また，別の調査では不安や気

持ちの落ち込み，抗うつ剤の使用と交通事故の発生率に有意な関連があるという報告がありますが (＊3)，まだ見解が確定しているとまでは言いづらい状況です。

　とはいえ，精神科・心療内科で使用する多くの薬剤に「本剤投与中の患者には自動車の運転等危険を伴う機械の操作に注意させること」といった注意事項が記載されています。これは風邪や花粉症の薬でも似た記載がありますので，必ずしもメンタルヘルスの薬だけの話ではありませんが，製薬会社から薬を使用する人への運転や機械操作に対する注意喚起がされているのも事実です。

　病気が関係する可能性のある交通事故が発生していることから，2013年に道路交通法が改正されて，免許取得や更新時には質問票が配布されるようになりました。それにより一定の病気にかかっている疑いのある者を把握できるようになり，その際に虚偽の申請をした場合には，懲役や罰金刑が処されるようになりました。また，行政からは通達が発行され，それぞれの病気等に係る運転免許の可否の判断などが恣意的にならないように判断基準が示されています (＊4)。

　交通事故は多くの場合意図的に引き起こすものではありませんし，健康な人が万全の注意を払っていたとしても発生してしまうことがあります。つまり，運転の可否判断については，メンタルヘルス不調者であるというリスクを過剰に見積もると，病気差別ともつながりますし，リスクを過少に見積もるとメンタルヘルス不調者とその周囲の人の責任問題になるという難しい事態です。このため主治医であっても安易に判断することが難しく，言及しづらいものです。

　対応が難しいと感じる場合には，安全運転相談窓口を活用できます。運転免許にかかる行政処分の責任は医師や会社にはなく，あくまで公安委員会にあり，行政に運転の可否について確認することが会社のみならず不調者本人を守ることにもつながる点を強調して伝えていくことで，安全運転相談窓口の活用を促すことができます。具体的には，「運転していいのかはわからない状況では，あなたも不安だろうし会社としても運転の許可を出しにくい。なので，行政のお墨付きをもらうようにしてほしい。そうすれば，万一のことが起こってもあなた自身も守られることになる」といった説明を本人にすることができます。

　なお大型免許や二種免許が必要な乗り物は，普通免許よりも大きなエネルギーを持ち多数の人に影響を及ぼす可能性があることから，さらに慎重に別枠

で考える必要があります。会社によっては運輸業に従事する運転手などに対し，社内基準を定めている場合があります。

✒ 弁護士の視点

本事例では，当該従業員は通勤や業務にも自動車を使用しているとのことですので，さまざまなリスクを以下の通り説明します。

- 従業員が負傷した場合　→会社は従業員に対し，安全配慮義務違反に基づく責任を負う場合があります。

  ※安全配慮義務とは，使用者が労働者の生命や健康を危険から保護するよう配慮すべき義務をいいます。

- 従業員が第三者を負傷させた場合　→会社は当該第三者に対し，使用者責任あるいは運行供用者責任（以下，合わせて「会社の責任」といいます）を負う場合があります。

  ※使用者責任とは，事業の執行について被用者が第三者に損害を加えた場合に，使用者が負う責任をいいます。

  ※運行供用者責任とは，自己のために自動車の運行の用に供する者（運行供用者）がその運行によって他人の生命または身体を害した場合に負う責任をいいます。

以下，各ケースについて記載いたします。

1　会社はマイカー通勤を認めていた（ただし業務使用は認めていなかった）。社内規程およびマイカー通勤申請書を運用していた

(1)　通勤途中に，本人が負傷した⇒会社責任はあるのか？

この場合，本人の負傷につき会社に帰責性がないのが通常であると考えられるため，原則的に安全配慮義務違反ということにはならないのですが，安全な運転に支障を来すような体調であるにもかかわらず，会社がこれをことさらに放置をして事故が発生した場合等には，会社が本人に対し安全配慮義務に基づく責任を負う場合もあり得ます。

▶参考判例

　医師である国立大学の大学院生が自動車を運転してアルバイト先病院に向か
う途中，交通事故を起こして死亡した場合，その原因が過労による居眠り運転
であるとし，大学側の安全配慮義務の違反の責任が認められた事例…鳥取地判
平21.10.16労判997号79頁

　(2)　通勤途中に，第三者を負傷させた⇒会社責任はあるのか？

　マイカー利用による通勤途中の事故について，裁判例は原則的には会社の責
任を否定する傾向にあります。もっとも，マイカーが日常的に会社業務に利用
され，会社もこれを容認，助長している特別事情のある場合には，マイカー利
用による通勤途上の事故について会社の責任が肯定されています。

▶責任否定例

- 平素，マイカーを業務に利用したことのないケース…東京地判昭42.11.29判
タ216号244頁，大阪地判昭54.6.28判時945号81頁等
- 会社が駐車場を提供していたケース…名古屋地判昭43.8.9判時529号31頁，東
京地判昭46.5.1交民4巻3号779頁等
- マイカーを時折社用にしていたケース…東京高判昭46.12.21東高民時報22巻
12号238頁等

▶責任肯定例

- 車両持ち込み運転手のケース…東京地判昭52.5.31判時874号56頁（使用者責
任），東京地判昭54.12.6判時959号97頁（運行供用者責任）
- 日常的にマイカーを外勤業務に使用し，会社としてもガソリン代，維持費等
を負担し，保管場所を提供していたケース…大阪地判昭40.12.10下民集16巻
12号1758頁等

　② 　会社はマイカー通勤を認めていた（ただし業務使用は認めていなかった）。
社内規程およびマイカー通勤申請書を運用していた。本人がうっかり業務でマ
イカーを利用した

　(1)　業務中に，本人が負傷した⇒会社責任はあるのか？

　基本的に1(1)と同様の判断枠組みとなります。つまり，本人の負傷につき
会社に帰責性がないのが通常であると考えられるため，原則的に安全配慮義務

違反ということにはならないのですが，安全な運転に支障を来すような体調であるにもかかわらず，会社がこれをことさらに放置をして事故が発生した場合等には，会社が本人に対し安全配慮義務に基づく責任を負う場合もあり得ます。

　もっとも，業務利用の禁止の程度（黙認されていたかどうか）で会社の責任の範囲が左右され得るものと考えられます。

　⑵　業務中に，第三者を負傷させた⇒会社責任はあるのか？

　マイカーの業務使用禁止の程度，会社にとってマイカーの業務使用が予見可能かどうか等によって会社の責任の有無が異なります。

　すなわち，規定通りマイカーの業務使用は禁止するという運用がしっかりととられていた場合には会社の責任が否定されるという方向に働き，逆に，禁止は名ばかりで事実上マイカーの業務使用が黙認されていた場合には業務中の事故につき会社は責任を負う可能性が高いです。

▶責任否定例

- 会社にとってマイカーの社用使用が予見できなかったケース…横浜地横須賀支判昭47.1.31判時671号70頁，京都地判昭47.7.8訟月18巻11号1700頁
- 会社は上司の許可なくマイカーで工事現場を往復することを禁止しており，公共交通機関を利用することも十分可能であったのに会社に無断でマイカーを使用したもので，会社がかかる行為を黙認していたと認めるべき事情はないと判断されたケース…最判昭52.9.22民集31巻5号767頁

▶責任肯定例

- マイカーを社用に用いることは禁止されていたが事実上は社用に使っていたケース…大阪地判昭51.2.26判時822号78頁
- 社員の大半が通勤のほか，営業所から工場現場への往復にもマイカーを利用していて，事故日も上司から直接工事現場に出勤するよう指示され，帰宅途上で事故が発生したケース…最判昭52.12.22集民122号565頁

③　社有車を労働者に貸与し，通勤での利用も認めていた

　⑴　通勤途中に，本人が負傷した⇒会社責任はあるのか？

　①⑴と同様の判断枠組みとなります。つまり，本人の負傷につき会社に帰責性がないのが通常であると考えられるため，原則的に安全配慮義務違反とい

うことにはならないのですが，安全な運転に支障を来すような体調であるにも
かかわらず，会社がこれをことさらに放置をして事故が発生した場合等には，
会社が本人に対し安全配慮義務に基づく責任を負う場合もあり得ます。

(2)　通勤途中に，第三者を負傷させた⇒会社責任はあるのか？

　会社の責任が肯定される典型事例です。すなわち，使用者責任の要件である
「事業の執行について」とは外形上被用者の職務行為の範囲内に属するものと
いえるかどうかにより判断されるところ（最判昭39.2.4民集18巻 2 号252頁参
照），社有車を利用している場合外形上職務行為の範囲内に属するものと判断
される可能性が高く，会社の責任が肯定される可能性が極めて高いといえます。

　以上をまとめますと，①業務上事故を起こした場合はもちろんのこと，②通
勤の場合であっても本人が怪我をした場合は会社の責任が問われる可能性があ
ります。産業医，主治医の意見を聞きながら，業務・通勤に自動車を使用する
ことが可能か検討する必要があります。

＊ 1 　警察庁「安全運転相談窓口（旧運転適性相談窓口）について」
　　　https://www.npa.go.jp/policies/application/license_renewal/
　　　conferennce_out_line.html
＊ 2 　一杉正仁＝武原格編集『臨床医のための疾病と自動車運転』（三輪書店，2018年）
　　　 4 頁
＊ 3 　Sagberg F. Driver health and crash involvement: a case-control study.
　　　Accid Anal Prev. 38（ 1):28-34
＊ 4 　警察庁「一定の病気等に係る運転免許関係事務に関する運用上の留意事項について」
　　　（平成29年 7 月31日警察庁丁運発第109号）

7-5 復職後

Case 10　復職時の情報不足

　繊維業の総務課長です。25歳の女性スタッフが1週間前に復職したのですが，今ひとつすっきりしません。もう一度休ませたほうがよいのでしょうか。

　復職は丁寧にやったつもりです。今回をひとつの機会と思って，いろいろと復職関連の制度を整備し直しました。内規という形ですが診断書を定期的に提出してもらうようにし，本人からも体調を定期的に聞いていました。本人は「体調も大丈夫です。日中も普段と変わりなく過ごしています。薬はありますが，以前は3種類だったのが今は1種類になりました」と言っていました。本人が復職を希望するとのことでしたので，主治医の先生から復職可能の診断書を出してもらいました。産業医の先生にも体調が問題ないことを確認してもらいました。

　これなら大丈夫かなと思い，彼女には復職してもらったのです。しかし，体力も気力も落ちているのか，1日の立ち仕事についていけていない感じです。木・金になると疲れがたまってくるのか動きもにぶくミスもありました。ミスをしてからというもの，本人も落ち込んでしまっています。

　本人には，「慌てなくていいから。週終わりになると疲れもたまっているでしょう。土日にゆっくり休んで。また月曜日からよろしく頼みますね」とソフトに声をかけました。週明けの状況次第とはいうものの，このままではうまくいかない感じがします。

産業医の視点

　メンタルヘルス体制の整備を進めたものの，個別の対応がすっきりしない状況だと苦しいですね。今回の事例で重要なキーワードは，2点あります。

　1つ目は，病状の4つのステップ（2-2-4参照）です。休職していたスタッフは，第2ステップ（日常生活可能な段階）は問題ない状態になっていたものの，第3ステップ（職場復帰を検討する段階）にはなっていなかったのかもしれません。言いかえると，休職されていた方がご自身のペースで過ごして調子が良い状態と，心身に一定の負荷がかかる仕事をするという状態で体調を崩さ

ない状態とはイコールではありません。産業医に相談の上，一定期間心身に負荷がかかる状況を復職前に実際に経験してもらい，活動記録表などで体調を崩さなかったことを確認しておくことが重要です。復職前にある程度の負荷をかけて体調を崩さなかったということを確認しておくことは，休職している人にとっても自信につながります。

　2つ目は，休職した原因と再発防止策を検討していないことです。例えばハラスメントが背景にあり，その部分に手を打たずに同じ部署に復職した場合などは，環境が変わっていない以上，不調が再発する可能性は高くなります。会社として手を打てる部分があるか，その部分に手をつけることができるかを事前に確認しましょう。もちろん原因が明確でないこともあったり，原因を把握したとしても原因を取り除くことが難しい場合があったりもしますが，会社として状況を把握し対処しようとしている姿勢を休職者に見せることも重要です。

弁護士の視点

　復職時に復職前の仕事ができることが理想的ですが，いきなり以前と同じ100％の体調で復職前の仕事ができるようになるとは限りません。そのため，ある程度時間をかけて復職前の仕事ができるように話し合いながら仕事の負荷をあげていく必要があります。

　ただ，いつまでも体調がもとに戻らないのも困ります。どのくらいの期間，様子を見る必要があるのでしょうか。

　裁判例にもさまざまなものがありますが，復職時に復職から3か月かけて体調が回復する程度に回復していればよいとの裁判例があり（北産機工事件・札幌地判平11.9.21労判769号20頁），3か月が1つの目安ではないかと思います。

　3か月の間に主治医，産業医の意見を聞きつつ，職場で業務の負担を軽減しつつ回復を待ち，万が一体調がもとに戻らない場合は，配置転換もしくは現実的な配置転換先がない場合は，再休職もしくは退職に向けた話し合いをすることになります。

　ご本人にも期間を事前に明らかにして，その間は体調回復に向けてお互い努力していくこと，仮に体調が回復しない場合は休職や退職に関するさらなる話し合いをすることになると伝えたほうがよいかと思います。

Case 11　パフォーマンスを出してほしい

> 　45歳の営業1課の係長です。32歳の部下が病気から2か月前に復職しました。仕事には少しずつ慣れてもらおうと思い，ようやく仕事をもとに戻し始めたところですが，今ひとつすっきりしません。負荷を減らしたまま様子を見るべきなのか，あらためて話し合いの場を持つべきなのか悩ましく思っています。
>
> 　復職の判断は丁寧にしていたと思います。体調が悪いところはないとの報告を受けていましたし，実際顔色も悪くなかったと思います。復職をする前は，きちんと頭も体も使っていたことを活動記録で確認しました。休んでいた理由は，他のある部署とのやりとりを一任させていて，いろいろと仕事を引き受けすぎたと言っていました。本人が休んでから初めて私も気づきました。確かに仕事量が多かったです。本人なりの頑張りの現れだとも思いますが。
>
> 　再発防止の取り組みとして，本人は「できると思って仕事を引き受けすぎてしまいました。仕事を依頼されたときには，自分で判断できそうでも当面は係長にホウ・レン・ソウして判断を仰ぐ」と言ってくれたので，本人も自覚してくれているんだなと感じていました。今回すっきりしないというのは，感覚的なものではあるのですが，復職時ほど元気がないのです。負荷はそれほどかけていないので，仕事が原因とは思っていません。本人からも「今回の調子が落ちている理由はよくわかりません」と答えています。

🩺 産業医の視点

　復職して2か月，調子が下降線の状況だと悩ましいですね。2〜3か月ぐらいの時期は，1つの山場だと思います（2-8-1参照）。本人としては復職して間もないと感じる時期であり「もう少し時間をかけて体調を戻していきたい」という気持ちを持ちますが，一方で上司や同僚からは「復職してそれなりに時間が経つのだから，1人前に働いてもらわないと困る」と考えます。

　事態を打開するための視点は2点あります。

　1点目は，復職前の打ち合わせで復職後の目標設定をしましたか。具体的には，「3か月後には就業に関する配慮を解除する予定でいるから，そのイメージでいてほしい」などの話し合いです。設定した目標を必ずしも達成できるとは限りませんが，事前に目標を設定しておくことでそれが達成できなかった場

合に話し合うきっかけづくりにもなります。なお，目標設定は漠然とでもかまいませんので，実施しておくことをお勧めします（2-8-2参照）。

　2点目は，病気の性質によるものかもしれません。従来，うつ病と思われていたものの中に，躁うつ病が含まれている可能性が話題になるようになりました。躁病というと，「テンションが高く睡眠をほとんどとらないで，お金をどんどん使ってしまう」というイメージがあるかもしれません。このような典型的な躁状態もありますが，実は軽躁状態といって軽い躁状態とうつ症状を繰り返す点が特徴のメンタルヘルス疾患があります（双極2型障害）。今回はもしかすると軽躁エピソードのため活動性が高まり，その結果復職できるという判断になってしまったのかもしれません。

　この内容はいわゆる疾病性ですので，主治医の診断に委ねるべきですが，一方で本人の自覚がなく主治医に状況を申告していないことから正確な診断に結びついていない可能性もあります。過去に「お金を使いすぎる」「睡眠時間が短く活動性が高くなる」「注意散漫でミスが増える」などの状態が見受けられる場合には，主治医にもその事実を伝えるように本人に伝達する，もしくは主治医と直接連絡を取って伝えるとベターでしょう。

弁護士の視点

　実務では度々見られる事案です。負荷を掛けていないのに復職時より体調が優れないような感じがして，今後も改善が見られない可能性があるというものです。本人同意の上，主治医面談を行うのも1つの方法かと思います。主治医が復職後の働きぶりを正確に知らない可能性がありますし，主治医から意外な見解を聞けるかもしれません。面談内容によっては，事態打開の方法が得られるかもしれません。

　一方，復職後も体調が優れず，本人も主治医面談や主治医への情報提供等に協力しない場合は，会社として打つ手は限られてきます。本人と面談の上，期限を設定し，いついつまでにどのレベルの業務ができるようにならないといけないとの目標を伝える必要があります。それでも，目標を達成できず，かつ現実的に配置転換可能な業務がない場合は，再休職か退職勧奨を行うことになります。このような結論に至らないためにも主治医と早めの連携が必要となります。

Case 12 管理職から降格させるべき？

大手製造業の人事を担当しています。

研究職の管理職（課長職40歳）が，約2年前に体調不良から欠勤となり，その後休職に入りました。診断書には「うつ病」と記載されていました。弊社の管理職になりたてで，いきなり業績や部下の指導等の重圧がのしかかり，さらに長時間労働が続いたことで，体調を崩したのではないかと推測できます。

弊社には常勤産業医が在籍しており，産業医面談も複数受けさせましたが，ほとんど反応はなく，そのまま休職に入りました。弊社の休職制度での休職可能期間は欠勤も入れれば2年間です。定期的に彼とは面談を行ったのですが体調回復に思ったより時間がかかり，休職期間満期ギリギリで，職場復帰支援プログラムに入りました。試し出勤は何とかこなせたので，このまま課長職として復職できればと思ったのですが，本人と主治医から強く「軽減業務でしばらくお願いします」と言われました。このため課長職の業務というよりは担当者としてもかなり負担の軽い対人交渉の不要な事務作業のみを担当してもらいました。ただ，事務作業も事務職がこなす量の半分にとどまります。

軽減業務は3か月程度で終えることができるのかと思いましたが，本人から「まだ時間がかるので軽減業務を継続させてほしい」とお願いされ，開始から半年以上続いております。

さすがに周囲からも不満が出てきており，少なくとも課長職からは降ろすべきではないかとの意見があがっております。

私の権限ではこれ以上軽減業務を続けることも打ち切ることもできず，社内で意思決定をする必要がありますが，どのように対応したらよいでしょうか。

弁護士の視点

軽減業務が6か月も続いているようであれば，今のままの状態を続けることは難しいと思います。

考えられる選択肢としては，①役職を外し課長職ではなく一般職に戻る，②あくまでも課長職復帰を目指し最後の軽減業務を続ける，の2つではないかと思います。

まず本人の希望を聞く必要がありますが，本人同席で主治医の意見も聞く必

要があります。主治医も，本人の体調を知っているだけに，「本人の希望が第
1 だが，もとの管理職への復職は難しいのではないか」と可能性もあります。
　上記①，②をどちらを選択するべきか，産業医の意見も聞く必要があります。
　本人が①を選択した場合でも難しいのは賃金の取扱いです。役職手当を外す
ことには本人も異論はないとは思いますが，それに加えて資格等級の引き下げ
の降格には難色を示すかもしれません。ここは話し合いで進めて，降格をする
としても，なるべく同意を得て降格をすることになります。同意を得られなく
とも制度上資格等級の降格制度があるのであれば，降格を実施することも可能
です。いずれにしても，①を選択した場合は，一般職のままで固定化する可能
性があるので，管理職から外れた後の職務範囲と責任を明確に話し合いで決め
る必要があります。

産業医の視点

　まず気になった点は，長時間労働です。長時間労働の状況によっては，本件
うつが労災と判断される可能性もありますので，その点の確認が必要になりま
す。逆に言えば，うつ病や脳・心疾患といった長時間労働が労災認定と結びつ
く可能性のある病気が従業員から発生した場合には，必ず人事担当者が労働時
間や休日出勤の有無，サービス残業の有無を確認することを習慣づけてくださ
い。
　以下は，長時間労働が過度でなく，労災認定を受ける可能性がないことを前
提とします。まず確認が必要なのは，この方が休む前の病前の業務遂行能力が
どの程度で，現在はどの程度まで回復しているのかという視点です。この方は
管理職まで昇格されている方ですから，高いスキルをお持ちだとは思うのです
が，大手の会社などでは大卒で一定年齢にまで達するとスキルの評価を曖昧に
したまま，管理職登用されるような場合があります。管理職になった途端に負
荷が急増し不調者が発生するというのは，当人だけの問題ではなく会社の人事
制度上の課題としての一面もあるかもしれません。
　いずれにせよ今の業務遂行能力が低いという課題の背景にあるものは，もと
もとのスキル不足が要因なのか病気が要因なのかを検討しましょう。スキル不
足の方を管理職に登用することは誰にとっても不幸です。教育研修でカバーで

きるものなのか，人事評価制度の抜本的な対応が必要なのかを振り返ることも重要です。

　もとのスキルが高く病気が遷延している場合には，産業医面談を並行しながら検討を続ける必要があります。人事の担当者が「推測」という言葉を使っていることから，休職している本人の考えや想いを十分に聞いていないようにも見えました。管理職ですから労働組合員ではありませんし，自律的に仕事をすることが求められる立場なのは承知の上で，会社として業務軽減措置には限りがあること，だからといって退職させたいわけではなく，お互いにとって納得のいく形を考える時期だという旨を誠実に伝えていくことが大切だと感じます。

合理的配慮を求められた

Case 13

　電機メーカーの人事総務の担当者です。

　Aさんは，大学を優秀な成績で卒業して新卒で入社後，１年間はシステムエンジニアとして勤務していました。

　ところが，社内外の意思疎通がうまくできないため業務を任せられない，納期も守れないと評価されていました。そこでAさんは対人交渉が少ないとされる予算管理業務に配属されました。その後，Aさんは体調不良を訴えるようになりました。また，自殺したいなどの独り言を言ったり，職場を徘徊したりするようになったため，上司が精神科を受診させました。そうしたところ，Aさんは診断に当たった医師から統合失調症であるとの診断を受けました。医師は休職および治療を要すると診断しました。しかし，Aさんは休職もせず通院も数回で終了し，服薬も止めてしまいました。

　その後もAさんは独り言を言ったり大声を上げたりするなどの行動が頻繁に見られるようになりました。このときには死にたいということのほか，会社がつぶれればいいなどと不穏当な言葉も吐いていました。Aさんの上司は会社の健康管理センターに相談し，健康管理センターはAさんに精神科の受診を勧めました。

　精神科を受診したAさんは，統合失調症ではなくアスペルガー症候群の可能性があると説明を受けました。その後もAさんには独り言，徘徊，無頓着な身だしなみ，同僚とのコミュニケーションの問題などのトラブルが続きました。そのため，Aさんに対して，休職を命令しました。ちなみに各種の心理検査等を経た後，医師はAさんをアスペルガー症候群であるとの確定診断を下しました。

　Aさんは休職中，障害者手帳を取得し，同じ職場，同じ職位での職場復帰を求めてきました。職場復帰後は障害者としての合理的な配慮を行うことも求めてきました。

　弊社はそれなりの規模の大きな会社ですが，このような事例は初めてです。正直何をどこまでやればよいのかわからず戸惑っております。

弁護士の視点

　本事例は日本電気事件（東京地判平27.7.29労判1124号５頁）を題材としています。

　本件では，休職事由となった傷病がアスペルガー症候群という，発達障害であるところに特徴があります。

　まず法的には復職可能な程度に休職事由が消滅しているかが問題になります。

　日本電気事件では，復職面談や試し出社を実施したところ，遅刻早退欠勤はなかったものの，日本の総理大臣の名前や所属する会社の代表取締役社長の名前を言えなかったり，居眠りを注意されると寝ておらず目を閉じていただけだと反論したり，独り言を言ったり意味なくにやにやしたり，同僚に対して挨拶をしなかったりお礼を言わなかったり，ネクタイを着用しない，コート着用のまま作業をする，メモ用の手帳を持参しない，寝癖がついているなどの問題がありました。裁判所は従前の職務である予算管理業務を行えるかの判断に当たり，コミュニケーションの問題や不穏当な言動をあげて，債務の本旨に従った労務の提供はできないとして休職期間満了による自然退職扱いを有効と判断しました。

　本事例においても，産業医が同席しての職場復帰面談を行った上，試し出社を行い，債務の本旨に従った労務の提供ができるかどうかを判断する必要があります。具体的には従前の職務を通常の程度行えることができるか，もしくは当初軽易作業に就かせれば，ほどなく従前の職務を通常の程度で行える健康状態になったか否かを判断することになります。

　もう1つ問題になるのは障害者雇用促進法36条の3は，「事業主は，障害者である労働者について，障害者でない労働者との均等な待遇の確保又は障害者である労働者の有する能力の有効な発揮の支障となっている事情を改善するため，その雇用する障害者である労働者の障害の特性に配慮した職務の円滑な遂行に必要な施設の整備，援助を行う者の配置その他の必要な措置を講じなければならない。ただし，事業主に対して過重な負担を及ぼすこととなるときは，この限りではない。」と規定しています。

　この条文は，一般に事業主に，障害者に対する合理的配慮の提供義務を負わせたものであると理解されています。この合理的配慮の提供義務が休職事由の消滅の判断に何らかの影響を与えるかが問題になります。

　前記日本電気事件では，裁判所は，具体的には，休職事由が消滅したと認められるか否かを検討するに当たり，障害者基本法19条2項，発達障害者支援法

4条，改正障害者雇用促進法36条の3の趣旨を考慮する必要があると明示しています。ただ，判決は考慮するにしても，事業者が過度の負担を伴う配慮の提供義務を負わないよう，留意する必要があるという留保はつけています。その上で現実的に配置可能な予算管理業務，ソフトウエア開発業務，プログラミング業務を検討し，いずれも対人コミュニケーションが不要な業務はなく，債務の本旨に従った履行の提供をすることはできないと判断しました。

　本事例においても，Aさんのこれまで従事した業務，Aさんの希望する業務，Aさんを具体的に配置可能な業務があるかを判断する必要があります。合理的配慮の提供義務はあるとはいえ，使用者に求められる合理的配慮にも限界があり，対人コミュニケーションができない，会社の規模から現実的に担当できる業務がない場合は休職期間満了による退職や解雇を検討せざるを得ません。Aさんは同じ職場，同じ職位での復職を求めており，特に休職前の職位に照らして現実的に配置可能な業務があるかどうかを検討することになります。ただ，仮に現実的に配置可能な業務がなくとも，事案の円満な解決のために障害者雇用としてあらためてパートタイマーとして従来と異なる賃金で働くことができる業務があるかを検討することもあります。いずれにしても十分な話し合いが必要になります。

産業医の視点

　合理的配慮とは，労働者の障害の特性に配慮して，障害によって引き起こされている就労の困難さを取り除くために会社が行う調整のことで，障害者差別解消法や雇用促進法などで求められるようになりました。企業や行政機関に対する努力義務としての位置づけとなっており，過度な負担にならない範囲で行うことが求められています。そして行政からは合理的配慮指針やQ&A集，事例集，就労パスポートが出ています（＊1）。

　身体症状，例えば車いすで就業を希望する人や透析をされている人の合理的配慮は，理解しやすいものです。例えば，車いすの人でしたら段差の解消や更衣室の調整などが該当しますし，透析の人でしたら通院時間の確保が対策の1つになります。一方で，精神障害や発達障害の人の合理的配慮は，何をどこまで対処すればよいのか，については理解されづらく対策も悩ましいことがあり

ます。発達障害の多くはコミュニケーションの課題を持ちます。発達障害の方にコミュニケーション能力を求めることは，絶対音感がない人に絶対音感を持つ人と同等の能力を強いるようなものだと説明することもできます（＊2）。配慮の一例として，「指示が複数にわたると混乱することから，担当者からのみ指示を行う」「できるだけ具体的に指示をする」「急な作業変更は行わない」などがあげられます。とはいうものの，画一的な対応でうまくいくものではなく，またこれらをしていたから合理的配慮が充足しているともいえません。

　合理的配慮は障害の原因や種類に限定されるものではなく，また障害者手帳の有無や雇用形態（パート，派遣など）に左右されるものでもありません。労働者が障害を持っていることを企業が把握した場合に，合理的配慮の提供について検討する必要があるとされています。

　弁護士からのコメントにあるように，本件裁判では「合理的配慮を考慮する必要があるが，労働契約の内容を逸脱する過度な負担を伴う配慮の提供義務を会社に課するものではない」とされました。やはり主治医や産業医などのそれぞれの疾患の経験のある医療職から情報を得たり，ジョブコーチなどの第三者機関からの支援を得るなどしながら，「本人が要望する配慮内容」「医学的に必要な配慮」「会社として許容できる配慮」を踏まえ，折り合いがつくかを会社として丁寧に考えることが大切です。

＊1　厚生労働省「雇用の分野における障害者と障害者でない者との均等な機会若しくは待遇の確保又は障害者である労働者の有する能力の有効な発揮の支障となっている事情を改善するために事業主が講ずべき措置に関する指針」（合理的配慮指針）（2015年）
https://www.mhlw.go.jp/stf/houdou/0000078980.html
厚生労働省「改正障害者雇用促進法に基づく障害者差別禁止・合理的配慮に関するQ＆A（第2版）」（2016年）
https://www.mhlw.go.jp/tenji/dl/file13-04.pdf
厚生労働省「合理的配慮指針事例集（第3版）」（2017年）
https://www.mhlw.go.jp/tenji/dl/file13-05.pdf
厚生労働省「就労パスポート」（2019年）
https://www.mhlw.go.jp/stf/seisakunitsuite/bunya/koyou_roudou/koyou/shougaishakoyou/06d_00003.html
＊2　永田昌子「産業保健スタッフからの声」産業精神保健　27（特別号）:82-85,（2019年）

7-6　退　職

休職満了直前。もう少しで復職可能レベルになりそう

　　製造業の人事総務担当です。20代の設計担当の正社員がうつ病で休職をしました。休職期間も体調が思わしくなく，睡眠がよく取れないと定期面談で聞いております。休職期間満了にあたり，「就労可能。ただし，当初は業務負担を軽減すること」との記載がある診断書が提出されました。また，本人から「現時点では復帰が難しいが，回復基調にあるため，もう少し時間がほしい」と懇願されました。弊社の産業医と面談してもらいましたが，産業医の診断は就労判定保留となりました。休職期間満了による退職扱いは避けたいのですが，かといって復職も難しいと会社としては考えております。どのように対応したらよいでしょうか。

弁護士の視点

　診断書には「業務負担軽減の上復職可能」と記載があるものの，本人が復職に自信がない場合があります。このような場合，産業医も復職判断を保留することがよくあります。可能であれば本人同席の上で主治医面談を行います。本人が同席していれば本音に近い話もしてもらえることが多く，例えば「復職するまでの体調回復は見られないが，もう少し時間があれば回復する可能性がある」旨の見解を出す可能性があります。一方，本人の希望を尊重するので「復職はできない」と言い切ることはないと思います。

　このような事情を踏まえて，対応としてお勧めするのは休職期間の延長です。まず本人と話し合いをして休職期間の延長に同意をするのであれば，就業規則に直接的な休職期間の延長規定がなくとも休職事由として「その他」，休職期間として「会社が決定する期間」と定めている場合があります。この条項を用いて休職期間を事実上延長することが可能です。期間についても，いつ頃までに就労可能な状況になると見込まれるかを主治医と相談し確認して決めることが望ましいです。

　このように主治医ともコミュニケーションを取って休職期間の延長を行えば，

仮に延長した休職期間が満了する際に，本人が「やはり体調は回復しない」と述べた場合は，「ここまでチャンスを与えたのだから再延長はなく，体調不良で職場復帰が難しい場合は退職することになります」と提案しやすくなり，同意も得やすくなります。このような場合は本人の健康のためにも一度退職して休養したほうがよい場合が多いです。

産業医の視点

　主治医や産業医にとっても悩ましい事態だと思います。医師は専門家ですので，「あと少しで良くなりそう」という実感を持つことは多々ありますが，将来予測について100%の正確さを保証することはできません。筆者も，休職期間満了間近に急激に良くなったことや，あと一歩の回復で復職できると思っていたのにその一歩が遠いことなどを数多く経験しました。これはメンタルヘルス以外でも起こりますが，特にメンタルヘルス領域で起こるように思います。

　産業医としては，体調や病状，回復を妨げる要素の有無などを確認することはもちろんですが，本事例のような本人と主治医との間の見解の差がある場合には，それがなぜ発生したのかを丁寧に質問して突きとめるようにしています。実感として多いのは，いわゆる「背伸び復職」です。具体的には，主治医として復職は時期尚早と考えているものの，ご本人からの強い要望があるため条件付きで復職可能と診断書を作成するパターンです。また，今回の事例とは異なりますが，本人の意向の有無にかかわらず，軽減業務から復職するように診断書に記載するような場合もあります。いずれにせよ，本事例のように休職者の本音を聞き，主治医とどのようなコミュニケーションをとったのかを確認することは必須でしょう。

　今回の事例では，休職期間満了直前の状態でも体調が悪く，就業に必要な体力や集中力の確認まで至っていない状況だと思われます。産業医は判定保留という見解を会社には伝えていますが，主治医とのコミュニケーションはとれていないようです。休職期間満了直前というのは，とても重要な時期です。人事部門は人事部門としてきちんと動くことは大前提としつつ，産業医の立場から主治医に手紙などで連絡を取り，産業医の見解を主治医に伝えつつ，気がかりな点について主治医の見解をあらためて確認するということも必要でしょう。

主治医に問い合わせできない

建設業で人事総務を担当しています。

内勤のベテラン従業員が欠勤し，「うつ病」との診断書を提出してきて休職に入りました。

休職期間中に定期的に面談し，生活睡眠表も記録してもらいましたが，睡眠が十分に取れず規則正しい生活を送ることができないようでした。また，復職に関する不安が記載してありました。面談内容からすると，体調不良は家族関係等の私生活上の問題が原因でもあるようでした。

休職満了間際，私としてもどうしたものかと考えていたところ，主治医の「復職可能」とのみ記載された診断書を提出してきました。

これまで私が認識していた事実からすると，果たして「復職可能」と言えるのか疑問を感じました。そこで，私は，主治医の診断の根拠を知ろうとして，主治医に問い合わせしようとしました。ところが，本人が「面談はもちろんのこと，情報提供依頼書についても主治医の先生に迷惑がかかるので，私は同意のサインをしません」と言い張り，主治医からの情報提供に同意をしてくれません。

私は初めてのことでどうしたらよいかわかりません。どう対応したらよいでしょうか。

 ## 弁護士の視点

本事例のとおり，本人の同意がなく，主治医からの情報提供を得られない事例があります。主治医は本人の健康情報を詳細に知りうる立場にあり，主治医に情報提供を受けることは重要です。

就労することが可能であると判断できるだけの資料を労働者が提出すべきであったのに全く提出せず，治癒したと判断することができなかった事案において解雇が有効とされた裁判例があります（大建工業事件・大阪地決平15.4.16労判849号35頁）。

本事例では，診断書は提出されてはいるものの，判断の根拠等について情報提供をしてもらう必要があるところ，特に合理的な理由がないまま本人が情報提供に同意をしない場合は，労働者が提供するべきであった情報を提供しない

に等しく，診断書の信用性に影響を与えることになります。

　そこで，「同意をしない場合は，復職事由が消滅していないとして，復職を認めず退職してもらう可能性がある。会社としてもそのような事態は避けたいので，何とか同意をしてもらえないだろうか」と説得をします。私の経験からすると，このように説得すれば，ほとんどの方は説得に応じて同意をします。万が一同意をしない場合は，本人が情報提供に同意しなかった記録を残して（文書もしくは録音），医師の診断書を除いて，休職事由が消滅したか否かを判断することになります。

🩺 産業医の視点

　本事例では，休職中にご本人とのコミュニケーションがとれていました。これが復職可能かを懸念する事由につながっています。その意味では，「Case 5　本人が戻ってきたいといったから戻したのに…」のCaseよりも高いレベルでメンタルヘルス対応をしています。

　やはり会社の担当者が，主治医とやりとりをする了承を本人からとりつけることに力を注ぐことが重要です。了承を本人から得ることができた場合には，「会社としては，本人から睡眠がとれない状況や復職に不安を抱えている状況をヒアリングしていること」「会社として復職後に戻ってもらいたい業務，当面の間配慮のできること，できないこと」を伝えた上で，主治医が復職可として考えた理由を確認することになるでしょう。

　注意しないといけないのは，単に「復帰できる／できない」という主張を双方が繰り広げる場にしないことでしょうか。双方の意見が異なる背景に何があるのかを知りたいという姿勢も大切だと思います。

　従業員は所得を失うことになり「生活ができない」という恐れを持ちます。所得については傷病手当金といった公的な補償があり，多くは退職後も給付がされることを説明することも重要です。また，会社によっては団体長期障害所得補償保険（GLTD）によって，従業員が働けなくなったときの収入減少をサポートするような民間保険に加入していることもあります。

　なお，産業医が選任されていないこの状況では，産業医と主治医との間でのやりとりができません。このため本件は対応が難しくなっている面があります。

産業医は50人以上の事業場ならば法律で定められていますので，対応が進むのは事実ですが，50人未満の事業場であってもこのようなことは起こり得ます。費用のかかる話ではありますが，産業医の選任についても検討してください。法定ではないため執務頻度や時間などは自由にコーディネートできます。

Case 16 休職を繰り返す

製造業の会社で人事総務を担当しています。

検査課のAさんは，これまで3回休職をしており，今回で復職3回目となります。今回の復職に際し，何とか産業医と相談しながら負担の低い仕事をさせることで復職してもらうことになりました。ところが，復職から1か月も経過しないうちに休みがちになり，2か月目からは欠勤が続くようになりました。

当初は同情的だった職場の上司や同僚も疲弊してきており，中には「Aさんは退職させたほうがよいのではないか」と私に言う同僚もおります。

私も疲弊してきており，今回また休職してもらうか，退職してもらうか悩みます。ご本人は，会社で仕事をしたいとの希望を持っているようですが，どうしても体調が付いていかないようです。

今後どのように対応したらよいでしょうか。

弁護士の視点

復職3回目ということであれば，ご本人もこのままではいけないとは考えていると思います。

すでに行っているとは思いますが，改めて人事と本人とで職務内容を話し合い，産業医と本人とで体調を話し合う必要があります（場合によっては書面で示す・書面により合意する）。

その上で，一定期間復職後の様子を見ることとしつつ，一定期間経過しても改善が見られない場合は退職勧奨を行うことも致し方ないと思います。厳しい話を伝えても大丈夫な体調かを確認するため，退職勧奨の場に産業医も同席することもあります。

ご本人が退職勧奨を断る場合に解雇ができるかというと法的には何とも言えません。休職3回目の復職を不完全ながらも果たしているため，体調回復の可能性がある程度あれば解雇は無効となる可能性があるからです。退職勧奨を断りつつ，体調回復後に引き続き勤務を希望する場合は最後の休職として4度目の休職に入れてもよいかもしれませんが，最後の休職であることの念押しをして，休職期間中から連絡を取り合い最後の復職に向けて準備を進めることにな

ります。

🩺 産業医の視点

　ご相談内容に記載されていない部分に大切なことが隠されているように思います。本人の体調は復職相当の状態まで仕上がっていたのでしょうか。復職を急がないといけない理由（例えば，休職期間満了まで時間がない，傷病手当金の受給できる期間が過ぎているなど）があるのでしょうか。前回，休業に至った経緯と再発防止策の検討は実施できていたでしょうか（2-6参照）。

　また，復職後の本人の仕事ぶりはどうだったのでしょうか。その仕事に対してご本人の能力や適性に問題はないのでしょうか。悩ましいことではありますが，会社としては負荷の低い仕事にしたという配慮が，時に，本人の希望や適性からすると逆効果になっていることも時にあります。

　一方で，どうしても病状が悪く仕事ができないこともあります。本人から同意を取った上で，主治医と連携することも大事なポイントだと思います。

　会社で仕事をしたい希望があるということは，回復意欲にもつながりますので良いことです。主治医や産業医の意見を踏まえることを前提とし，この会社で仕事を続けたいと本人が言うのであれば，会社としてどの部分は許容できるが，どの部分は許容できないかという点をあらためて整理して，本人に伝えてみてはいかがでしょうか。このような状況下では，「言わなくてもわかる」ではなく，「誠実にきちんと伝える」ことが大事だと思います。

体調不良者に対する退職勧奨

Case
17

広告会社の総務を担当しています。

企画制作を担当する30代女性社員がうつ病で半年間休職し，その後復職しました。うつ病の治療が継続中であったため，業務量を軽減して復職してもらいました。一旦は復職前の業務水準の仕事ができるようになったのですが，復職後１年半後にまた体調が悪化して，業務量軽減を求めてきました。

弊社としては，治療に専念するためにも退職をしたほうがよいのではないかと思い，退職勧奨面談を２回行ったところ，２回目に「自分からは辞めたくない」と述べるに至りました。

ちなみに第２回面談は１時間ほど行い，取締役が「退職勧奨を断った場合には解雇もあり得る」ということは説明しております。

弊社としては，本人にまだご自身の体調不良に自覚が足りないと考え，３回目の退職勧奨面談を行いたいと思いますが，問題ないでしょうか。

弁護士の視点

本事例は，エム・シー・アンド・ピー事件・京都地判平26.2.27労判1092号6頁を題材としたものです。この裁判例は本事例とほぼ同じ事例であり，合計5回退職勧奨面談を行いました。

裁判所は，

- 第２回面談において，退職勧奨に応じなければ解雇する可能性を示唆するなどして退職を求めていること
- 第２回面談および第３回面談で，従業員が，「自分からは辞めるとは言いたくない」と述べているにもかかわらず，繰り返し退職勧奨が行われていること
- 従業員が業務量を調節してもらえれば働けると述べたのに，会社がそれに応じなかったこと
- 第２回面談は約１時間，第３回面談は約２時間と長時間に及んでいること

という点を指摘し，本件での退職勧奨は違法と結論づけています。

現在の裁判例では体調不良者や休職中の従業員に退職勧奨を行うこと自体の

みで違法であるとは判断しませんが，明確に退職勧奨を拒否しているにもかかわらず，引き続き退職勧奨を行うことは違法であり，慰謝料請求が認められます。

また，違法な退職勧奨により精神疾患に罹患したり，症状が悪化した場合は業務上災害に当たり得ますし，安全配慮義務違反に基づく損害賠償請求が認められる可能性があります（M社事件・京都地判平26.2.27労判1092号 6 頁）。

そのため，退職勧奨を行いつつも，本人が明確に退職勧奨を拒否した場合は速やかに退職勧奨を打ち切るしかありません。

本事例では，退職勧奨を打ち切り，再度の休職を検討する必要があります。なかなか会社の負担がかかり再度の休職には抵抗があるかもしれませんが，復職後 1 年半は勤務していたためやむを得ません。

産業医の視点

体調を崩して業務軽減を求めてきたということですが，主治医や産業医の意見を踏まえながら，休職相当なのかそれとも治療をしながら就労が可能な範囲なのかを見きわめることが重要です（2-4-3 参照）。また今回体調を崩した要因が何かを確認することが必要でしょう（2-2-1 参照）。後日，労災だと認定された場合には，解雇は無効という判断につながります。

今回の悩ましい点として，傷病手当金の受給できる期間は同一疾病の場合には最長で 1 年半（健保組合などで独自制度をとっているところを除く）ですから，この方の場合おそらく今回の休業にあたり傷病手当金を受給することは難しいと思われます。生計の観点から，本人が就業しながら軽減業務を求めているのかもしれません。

病気にかかっていることを理由として退職勧奨をすることは，会社として望ましい姿ではありません。実際にパフォーマンスが発揮できる状態であるかが重要です。例えば，一定の配慮下（残業なし休日出勤なし，フレックス勤務や在宅勤務を活用）で就労を継続しながらパフォーマンスを発揮できる状況なのであれば，配慮下での就労を継続してもらうことが最善です。

一方で，現在パフォーマンスを発揮できる状態でないことが客観的に明らかで，本人が退職の意向がなく，休職制度が適応されるのであれば，会社の制度

に従い休職することになるでしょう。その際は，傷病手当金が支給されず，会社からの賃金の補填もない状況ですと，収入がないばかりか社会保険料の本人負担分を，本人から会社に支払ってもらうことになります。これは累積するとかなりの金額になりますので，休職が必要となった時点で必ず説明しておくことをお勧めします。

　なお，本人の体調が悪い中ですので，重要な説明をされる際には家族に同席してもらうこともご検討ください。

7-7　注意すべき症状

 ## Case 18　死にたいと言っています！

　私は，嘱託産業医として地元の食品会社を月1回1時間半ほど訪れています。普段は内科クリニックの院長として患者さんを診ています。私にとっては，産業医を引き受けるのは珍しいのですが，恩義のある人からの依頼で引き受けた次第です。

　嘱託産業医先は100人ほどの会社です。正社員は20人ほどで，残りはパートさんです。人にやさしい会社なのか，人の入れ替わりもそれほどなく，メンタルヘルス不調者が出たこともなさそうです。

　訪問日に会社に来たところ，総務課長が困惑した顔をして待っていました。総務課長は矢継ぎ早に「3か月前に入ってきたパートさんのことなのですが，顔色が悪そうだったので聞いてみたところ，義父の介護でかなり負担がかかっているみたいで，『もう疲れた。死んでしまいたい』と言っています。そんなこと言われたので私はびっくりして，『もうすぐ産業医の先生が来るから相談してみたら』と言いました。いま彼女を会議室で待たせています。突然で本当に恐縮なのですが，先生面談をお願いします」と言ってきました。

　産業医である私が面談してみたところ，状態は良くありません。自殺したい気持ちを持っているだけでなく，「このまま車に乗って誰も知らないところに行くつもりだった」と具体的な自殺の計画もありました。

　私からは，絶対に精神科・心療内科に行くように粘り強く説得をしたのですが，途中から彼女は「わかりました。自分で病院に行きますから，もう帰らせてください。会社に打ち明けてしまって失敗しました」と言いました。

　会話の雰囲気を考えると，彼女は病院を受診することなく，そのまま車に乗ってどこかに去ってしまう可能性が高いと思っています。私はどうすればよいのでしょうか？

産業医の視点

うまく傾聴され，状況を確認されたと思います。

希死念慮（死にたいという気持ちが存在する状態）だけでなく自殺の計画を

立てています。自殺企図（自殺を具体的に実行するために行動をとる状態）直前の緊急事態です。この場合は自殺を防止するために絶対に本人を1人にしないことが必要です。そして，このような場合，医者の守秘義務や個人情報保護よりも生命の保護が優先されます。具体的には，本人の意思に反して現状を必要な人に伝えることができます。つまり，ご家族への伝達などが可能になります。

とはいえ，できる限り本人の納得のいく形を目指すことで，本人との関係も確保したいところです。本人の死にたいという気持ちとその事情に寄り添いつつ，「あなたがそのような気持ちを持っているのは，自分の意思のように感じるかもしれないが，メンタルヘルス不調という病気が原因となっている可能性が高い。なので，治療をすることで今のつらい状況が永続的に続くわけではない」ことを丁寧に伝えていくことが必要になります。

その上で，家族につなげましょう。日本の精神科医療制度の中に，医療保護入院という制度があります（精神保健及び精神障害者福祉に関する法律33条）。医療を受けるか否かということは，本人の同意が原則ですが，精神科医療の場合は本人に説明を尽くしても治療の同意が得られない場合があります。このため精神科医が診察の上入院が必要と判断した場合に，本人の同意がとれなくても家族が同意をすることで入院治療を受けることが可能になる制度です。この手段をとれるのは家族の同意が原則ですので，職場の人が本人を精神科病院に連れて行ったからといって適用できるわけではありません。ですので，産業医や人事担当者・上司はこのような緊急事態が発生した場合には，家族に緊急事態であることを伝達しましょう。そして，本人が家族と共に医療機関を受診する形にすることを目標としましょう。

なお，「家族の身になってほしい」などと説得をしても，その方の気持ちが変化することは期待しづらい状態です。ご本人の事情や思いを穏やかに聴きながら，「それだけつらい状況の中，この方は今まで耐えることができたご本人の強みや背景は何だろうか」と思慮する態度が望ましいでしょう。

その他の選択肢として，死の危険性が高いと考えられる場合には，警察への通報・対応依頼という方法もあります（＊1）。家族や親族がいない人や，家族や親族が遠方・高齢で積極的な協力を仰ぐことが難しいような場合は特に活用

できます。他に，精神科救急窓口，こころの健康相談やいのちの電話なども選択肢です（＊2）。なお「本人と自殺をしないという約束を結ぶ」ことも自殺防止策の1つとされています。

　ちなみに「死にたいという人は死なない」というのはあくまで俗説です。精神状態が悪い人の場合，心理的視野狭窄といって，普段ならばストレスがかかってもいろいろな行動や対処法が思いつくのですが，この状態になると思いつかない状態になります。その結果，「この苦しい状態から逃れるためには，死ぬ以外の方法はない」と思い込んでしまいます。これが重症メンタルヘルス不調の怖いところです。「死にたい」という言葉の裏に，「本当は死にたくないのだけれども」という言葉が隠れていると認識するほうがよいでしょう。

　また時に，周囲からの心配や関心を引くことを意識的，もしくは無意識的にすることを根底にもって希死念慮を周りに表明する人がいます。この場合は，希死念慮がある状態では就労が難しいと考えざるを得ない旨を当人に明確に伝えるとともに，希死念慮という事例性を療養にて解決してから就労の場に戻ってきてほしい旨を伝えることが必要になります。

　医療従事者でない人で，この分野に興味のある方は，行政が行うゲートキーパー養成研修（＊3）を受講されてみてください。

✒ 弁護士の視点

　本人が希死念慮を持ちながらも，精神科での受診や入院を選択しない場合，緊急対応として警察に連絡をすることが考えられます。110番をしても，警察がこれを嫌がることはほとんどなく，熱心に事情を聞いてくれます。そのくらいのことをしないと現実の深刻さを理解してもらえないことが多く，産業医も会社も非常時だと考えて決断する必要があります。

　また，希死念慮を持っている方は以前からかかりつけの主治医がいる場合が多いのですが，入社して間もない場合は会社に話そうとしません。多少信頼関係が出れば主治医への連絡を許してもらえることがあります。主治医に速やかに電話をかけることも重要かと思います。

　いずれにせよ，いろいろな人を巻き込んで対応しないといけない緊急性の高い事案です。

＊1　厚生労働省「自殺に傾いた人を支えるために ―相談担当者のための指針―」(2009年)

http://kokoro.mhlw.go.jp/brochure/supporter/files/02.pdf

＊2　厚生労働省「電話相談」

https://www.mhlw.go.jp/stf/seisakunitsuite/bunya/hukushi_kaigo/seikatsuhogo/jisatsu/soudan_tel.html

＊3　厚生労働省「ゲートキーパー」

https://www.mhlw.go.jp/stf/seisakunitsuite/bunya/hukushi_kaigo/seikatsuhogo/jisatsu/gatekeeper_index.html

誰かに見張られているんです

　小さな会社を経営している社長です。従業員は30人ほどで海外から物品を仕入れて，日本国内のお客様に納めています。いわゆる貿易会社ですね。

　入社して3年目の21歳の女性社員のことで頭を悩ませています。入社から当分は問題なく，帰国子女のため語学堪能なこともあり，取引先とのやりとりで助かっていました。最近は貿易やビジネスの用語もスムーズに使えるようになり，積極的にアイデアも出してくれるので，今後にとても期待していました。

　ところが，その矢先です。深刻そうな顔をして私のところに相談に来たのです。「社長　最近おかしいです。仕事中もですが，家でも私のことを見張っている人を何とかしてくれませんか」と言い出したのです。

　いきなりのことで，私は何のことだかわからないのですが，彼女によると，「誰にも話していないことなのに，それが見知らぬ人や会社の人に伝わっている」らしく，「とても気持ち悪い」らしいです。そして，「あっちに行け」などを言われるらしいのです。

　さすがにそんなことはないだろうと彼女に伝えるのですが，彼女は「確かにそうなんです。社員の誰かも関係しているので，社長にも犯人を捜す手伝いをしてください」の一点張りです。

　さすがに現実的ではない内容ですし，どう手を打てばよいのでしょうか。

産業医の視点

　いわゆる統合失調症を疑う症状が出ています。統合失調症とは幻覚（主に幻聴）や妄想といった症状が特徴的なメンタルヘルス不調で，100人弱に1人がかかるという頻度の高い病気です。発症は10代後半から30代が中心になり，中高齢になってからの発症はほとんどありません。

　幻覚や妄想の内容は周囲の人があるわけがないと説得や否定をしても，本人は受け入れられません。また，病識といって自身がいま病的な状態にあるということを認識しづらいのもこの病気の特徴です。

　現時点で会社や同僚ができる最大のポイントは，いかに本人を精神科・心療内科への受診につなげることができるかです。統合失調症は，不治の病という

イメージを持たれる方もおられるかもしれませんが，実は適切な治療を続けることができれば，治癒や良好な経過をたどる方のほうが多い病気です。そして，発症から治療開始までの期間が早いほうが，治療効果が高いとされています。

産業医のいる会社ですと，産業医面談につなげてその後医療機関につなげる形が最もスムーズです。産業医がいない場合には，家族をいかに巻き込んで医療機関への受診につなげるかがポイントになってきます。家庭でも奇妙な行動をとり始める時期ですので，家族も困惑していることと思います。

とはいえ，幻聴や幻覚があることを理由に医療機関を受診させるのは困難です。丁寧に本人の話を聞いていく中で本人なりの苦しさが見えることがあります。例えば，「悪口が聞こえてきて眠れない」などでしょうか。そのような場合には，眠れないことに話の焦点を当てて，それを解決するための方法として医療機関受診を目指します。

症状が落ち着き復職を検討する際は，精神的な負荷をどの程度かけても大丈夫なのか（残業制限など），対人的な負荷は許容できるのか（客先対応など），通院時間を確保し，内服を継続できる状態が維持できるのか，運転が可能か（「Case 9　で，車の運転は？」参照）などいろいろと留意事項があります。

産業医がいるかいないかで対応の難しさが大きく変わる事例です。産業医がいない場合には，会社だけで解決しようとせずに，主治医や家族とコミュニケーションをとることを極力意識してください。

弁護士の視点

よくあるご相談です。ご本人に病識がない場合がほとんどです。会社が「それは幻想・幻聴で精神疾患ではないか」などとはとても言える雰囲気ではありません。ご本人も苦しいと思うのですが，周囲の従業員の職場環境に影響が出て，苦情が出てきます。

産業医がいれば，産業医に話を聞いてもらい医療機関受診につながることがありますが，産業医がいない場合は非常に難しいです。

このような場合は，ご本人の幻聴や幻覚について，一応の社内調査をして，ご本人の言う何らかの加害行為や事実は存在しないと伝えます。あくまでも本人の話を頭ごなしに否定するのではなく，共感しながら話を聞きます。その上

で体調不良が続くのであれば，精神科や心療内科の診察を勧めることになります。この段階になってもなかなか通院しない方もいるのですが，しぶしぶ通院してくれる人もいます。

　配偶者や両親もすでに気づいている場合も多く，すでに家庭内でのトラブルが進行していることが多く，家族も疲れ果てており，三者面談はなかなか実現できませんが，家族とは問題意識を共有したほうがよいかと思います。

　このようにコミュニケーションをとっているうちに本人が耐えきれず退職届を出してくることもありますし，欠勤をし始める場合があります。欠勤をし始めた場合は就業規則のルールの通り手続を進めることになりますが，やはりここでも通院を勧めて治療を促します。主治医が決まったら主治医と本人を交えた三者面談を最終的には行うことになります。退職を前提としないで粘り強く進めていけば解決する場合が多いです。

　日本ヒューレット・パッカード事件最高裁判決（最判平24.4.27労判1055号5頁）においても，妄想による被害申告を行う従業員について「精神科医による健康診断を実施するなどした上で（記録によれば，上告人の就業規則には，必要と認めるときに従業員に対し臨時に健康診断を行うことができる旨の定めがあることがうかがわれる），その診断結果等に応じて，必要な場合は治療を勧めた上で休職等の処分を検討し，その後の経過を見るなどの対応を採るべきであ」ると判断しており，可能な限り通院や診断を勧める必要があります。

Case 20　お酒臭いんですけど…

　私は製造業で工場総務の部長をしています。

　先日，工場の第2製造課の課員である57歳の男性のことで，課長から相談があがってきました。以前から酒好きで有名な人で，仕事が終わったら焼酎を家でずっと飲んでいるということでした。

　上司である課長によると，「1年ほど前に奥さんと離婚して，単身でアパートに住むようになってからは，ますますお酒の量が増えたみたいです。今までは月に1回程度酒臭いことがあった程度だったのですが，最近では週に数回，酒臭いような感じがします。仕事でもボーっとしていることが増え，周りからは，『あいつ，本当に大丈夫なのか。仕事を任せられない』という声もあがってきています。私から本人に，『酒はほどほどにしろよ』と伝えたのですが，『肝臓は昔から強いんだ。健診でもたいしたことなかったし，アル中なんかじゃないよ。そんな意地悪いこと言うなや』と答えられてしまって，本人はピンときていないようなんです」とのことでした。

　どうしたらよいのでしょうか。

🩺 産業医の視点

　アルコール依存症は「否認の病気」というぐらい，本人はアルコールが問題であることを周囲から指摘されても認めません。今回の場合でも同様です。

　アルコール依存症か否かを判断する簡易なテストとしてCAGEというものがあります。これは，「飲酒を減らさなければいけないと思ったことがあるか」「飲酒を批判されて，腹が立ったり苛立ったことがあるか」「飲酒に後ろめたい気持ちや罪悪感を持ったことがあるか」「朝酒や迎え酒を飲んだことがあるか」の4項目のうち，2項目以上が該当する場合にアルコール依存症の可能性ありと考え，専門家に相談すべきとしています。なお，健診結果など採血に異常があるかどうかは，アルコール依存症とは関係ないと思ってください。

　今回の場合には，様子を見ていても改善は見込みづらいでしょう。アルコール依存症かどうかを判断するために，また適切な治療を行うためには，いかに医療機関を受診してもらうかが第1のステップです。病院を探したい場合には，

インターネットも活用することができます（＊1）。実際に仕事で問題になっている場合には，その旨をご本人に明確に伝え，「最近はアルコールの臭いがすることが多く，職場として許容できないこと」「職場として許容できる範囲にするべく，努力をしてもらいたいこと」「医療機関を受診してもらいたいこと」「医者から了承が得られるまでの間，職場での危険を伴う作業や自動車の運転は許容できないこと」などを伝えます。病院受診までの期限を決めることも重要なポイントです。

　医療機関を受診し治療が開始された場合，忘年会など会社の飲み会が大量飲酒の再開のきっかけになることもありますので，参加の可否は医療機関で相談してください。また，断酒会が有効な場合もあります。平日夕方などに開催されることがありますので，そのような場合には参加への時間的な配慮を職場にお願いしたいところです。

　なお，医療従事者は，スクリーニングのためCAGE以外にAUDIT（WHOが開発したスクリーニングテスト）やKAST（日本で最初に作られたアルコールスクリーニングテスト）を使うことを検討してください（＊2）。また，新アルコール・薬物使用障害の診断治療ガイドラインや，ガイドラインに基づいたアルコール依存症の診断治療の手引きに目を通すことを推奨します（＊3）。

✒ 弁護士の視点

　「朝から酒臭い」「突然の欠勤が増えた」「会社の飲み会で意識不明になるまで酒を飲むようになった」「ろれつが回らないことがある」「入浴や衣服の洗濯もしていないようで，日常生活もままならない」「健康診断で肝機能が相当悪化していた」……。

　以上は，私が携わったアルコール依存症の従業員の特徴です。

　アルコール依存症は仕事や人間関係を破壊する恐ろしい病気です。しかも，本人に病気であることの意識がなく，病院に通おうとしません。

　そのため，多くの場合は無断欠勤や問題行動という形で問題が起きて解雇せざるを得なくなる場合が多いです。

　多くの就業規則の服務規律には「酒気を帯びて構内に立ち入らないこと」等の規定があります。これを根拠に抜き打ちもしくは事前予告の上，本人同意の

下，アルコールチェック呼気検査をしてもかまいません。常識では考えられない高濃度のアルコールが検知されることが多いです。

その上で，産業医との面談を通じて，アルコール依存症治療の専門病院を紹介してもらい通院をしてもらう必要があります。断酒会や断酒のための治療が行われます。

「通院をせず治療を行わない場合は，雇用関係に重大な影響を及ぼし，将来は解雇せざるを得なくなる可能性もある。そのような事態に至らないためにも治療を行ってほしい」と説得していただき，通院を勧めてください。

仮に治療や通勤を拒否し，相変わらず酒気を帯びて出社する場合は就業規則の規定によりますが，休職命令を発令することも可能です。なるべく本人にチャンスを与え，医師等の専門家関与の下，立ち直ってもらう必要があります。

＊1　アルコール依存症ナビ.jp
　　　http://alcoholic-navi.jp/
＊2　久里浜医療センター「依存症スクリーニングテスト一覧」
　　　https://kurihama.hosp.go.jp/hospital/screening
＊3　新アルコール・薬物使用障害の診断治療ガイドライン作成委員会監修『新アルコール・薬物使用障害の診断治療ガイドライン』（新興医学出版社，2018年）
　　　一般社団法人日本アルコール・アディクション医学会＝日本アルコール関連問題学会「新アルコール・薬物使用障害の診断治療ガイドラインに基づいたアルコール依存症の診断治療の手引き」（2018年）
　　　https://www.j-arukanren.com/pdf/20190104_shin_al_yakubutsu_guide_tebiki.pdf

7-8　注意すべき状態

 Case 21　単身赴任中の従業員の療養

　200人ほどの規模のオフィスビル管理会社の総務室長をしています。いま気がかりなのは，45歳の男性で九州支店長をしている人のことです。九州支店は本来，支店長とスタッフの2名体制なのですが，8か月ほど前にそのスタッフが退職し，代わりが見つかるまでの半年間は，九州支店長に任せきりでした。伝票仕事みたいなものは本社で引き受けていたのですが，実質的に2人分働いてくれていた状況ですし，メンテナンスの手配などはなかなか手が回らずお客様にもお叱りを受けていました。

　人不足のこのご時世ですから，代わりが見つかるまで時間もかかりましたし，見つかったからといって即戦力というわけにもいきません。結果，ずっと支店長は全力疾走の状況だったと思います。残業時間については，管理職ですから特に管理はしていませんでした。

　先日，いきなり支店長が支店に出勤しなくなってしまい，翌日，うつ状態と記載された診断書が送られてきました。支店長からも電話があり，「眠れず体調もすぐれないので病院に行ったら，ドクターストップといわれました」とのことです。

　支店長は東京に家族がおり，単身赴任6年目です。私から支店長に「自宅で療養されるのですか？」と尋ねたのですが，本人からは「単身赴任が長いですから，今さら私の居場所は自宅にはないですし…」と答えがありました。それ以上は聞きづらく，質問まではしていないのですが，あの雰囲気では家族にも休職して療養しているということを話していなさそうな感じもします。

　1人で療養してもらって本当によいのでしょうか？

産業医の視点

　単身での療養はいろいろなリスクがあります。3食バランスよい食事をとることも治療に必要ですが，単身赴任で日常生活もままならない病状ですと，食事を作ることや外食することが難しくなります（私の経験ではインスタント食品だけを食べ続ける状態で，病状が良くなった人はあまり見ません）。また，

単身では療養中に体調が悪化したまま治療中断になることもあり，それが最悪の場合は自殺につながりかねません。ですので，できるだけ単身での療養は避けることが原則です。

とはいえ，なかなか原則通りに物事が進まないこともあります。個人情報保護の観点からは，たとえ家族であったとしても本人が療養しているという事実を本人の同意なしに伝えることは問題です。例外は，生命・財産の保護が必要な状態です（「Case18　死にたいと言っています！」参照）。

今回の場合は，ご実家に帰って療養してもらうことを最善の選択肢として強く推奨しつつ，どうしても同意が取れない場合は，主治医から単身での療養についての了承をとりつけることでしょう。産業医にも面談してもらい記録が残る形にしておけば，なお良いかと思います。そして，定期的なコミュニケーションをとって体調確認を丁寧に行い，単身であることが療養の妨げとなっていないかを併せて確認することになるでしょう。

🖋 弁護士の視点

1人での体調管理は難しく，できれば家族にも関与してもらい体調管理に努めてもらうことが望ましいですが，一方で最終的に決定するのは従業員個人ですので，本事例のように1人で療養に努めることも致し方ないことかと思います。

このような場合は，会社は定期的に連絡を取り，できれば面談をし，体調回復の程度を確認し，様子がおかしければご本人の意思を尊重しながら家族に連絡をすることも検討することになるかと思います。

また，本事例では長時間労働が問題になり得る事例であり，場合によっては労災申請に進む可能性があります。会社はすべての従業員に対して安全配慮義務を負うわけであり，管理職であることは言い訳になりません。管理職に対しても健康管理を前提とした労働時間の把握を行う必要があります。2019年4月1日施行の労働安全衛生法では，管理監督者を含むすべての従業員に対して労働時間の状況（労働時間そのものではありませんが，ほぼ近い概念です）把握義務を課しました。管理職に対する労務管理も見直す必要があります。

Case 22　海外赴任で調子を崩す人が多くて…

　私は製造業の人事担当者なのですが，ちょっと変わった仕事をしていまして，主に海外人事を担当しています。会社はいわゆるB to Bでして，一般消費者向けではなく企業向けの製品を作っています。国内向けの競争はもちろん激しいですが，海外はさらに大変なように感じます。国内とは違う商慣習の中，世界の有名企業と戦っているので，なかなかシェアを広げることができていません。

　私の悩みは，海外赴任者で調子を崩す人が多いことです。「この人なら」という気持ちで，海外のそれぞれの拠点長と話をしながら適任と思う人をピックアップして，拠点に送り出すのですが，そのうちの何名かは半年ぐらいでノックアウトされて帰ってきてしまいます。

　確かに海外の仕事はハードだと思います。なにぶん目が届かないこともありますし，不調になった理由を拠点長にきいても，それぞれの事情があるだけでよくわかりません。「その国の習慣に合わなかっただけだ」であるとか，「本当は来たくなかったみたい」とか，「線が細かったからなぁ」とか言いますが，それは理由の1つでしかないのかなとも思います。

　以前は管理職やその候補といった従業員を海外赴任に出していたのですが，最近は現場の技術を移転する必要もあります。ですから，そもそも入社時には転勤なしに配属工場でずっと仕事をする前提で入社してきた中年層のベテラン従業員にも，海外赴任してもらう必要が出てきたりしています。当然，海外赴任の話を持ちかけても，あまりいい顔をされません。

　今の海外赴任体制で本当によいのか，悩ましく思っています。

産業医の視点

　海外展開する企業が多くなり，当たり前のことになりました。行政の統計によると，2017年10月集計で海外に在留する日本人は例年増加しており，135万人を超えました。地域は北米が最多の37%で，次はアジアの29%，西欧の16%の順です。

　また，2017年に海外で死亡した477人のうち病気によるものが267人（56.0%），自殺が35人（7.3%）です（＊1，2）。本調査は，在外公館に報告された数の統計です。また，すべての人が業務で海外に行っているわけではありませんので，

一概に海外赴任者に当てはめることはできませんが，海外での仕事は一定のリスクがあるのは事実です。

　海外は仕事でも日常でも日本とは異なることがあり，そのギャップに悩む人がおられます。仕事では，通常日本にいた頃の職位や権限を越える仕事をすることが求められます。現地の従業員からは，日本のやり方を押しつけてくる，数年で去る人という認識や偏見を持たれがちになります。文化や風土の違いを解消するために綿密なコミュニケーションが必要ですが，言葉の壁があるため，日本と比べて難易度が高いとも言えます。

　日常では，気候や住環境の違い，食事がストレスに感じることもあります。交通事情や治安が悪い国では居宅と仕事場の間を車で往復するだけの生活になりがちです。そうなると，例えば運動がストレス発散になっていたような人にとっては，発散手段がなくなってしまいます。家族が帯同している場合には，家族の適応も重要なポイントになりますし，帯同していない場合でも国内の単身赴任以上の負荷が家族にかかります。

　当初は，新たな環境に適応し力を発揮しようとするため，ストレスがあっても対処できることが多いのですが，3か月～1年超，時には2年間ほどの期間が最も注意が必要な時期になります。これを過ぎると異文化受容といって，海外での生活の良いところも悪いところも含め受け入れることができるようになります。

　対処は国によって慣習が違うことから，一律のものは提示しづらいのですが，カルチャーマップという考え方があります（＊3）。少なくとも仕事だけでなく人に興味を持ち，相手国の文化や風習への関心を持てる人か，変化への対応力が強いか（今までのトラブル対処力が高いか），赴任先の上司との相性は良いかなどはポイントになるでしょう。また，何度か海外出張をさせる中で本人の適応度を見ることも大切です。実際に海外赴任した人の体験談は役に立ちます。海外赴任を今後予定している人に対して，すでに赴任している人がレクチャーするといった方法も，赴任予定者にとっては心の準備になるでしょう。

　健康管理の面から検討してほしいことが3点あります。

　1点目は，海外渡航者の健康診断が法律で定められており，海外勤務ができる体調かどうかを確認することが必要です。なお，帰国後にも別途健診があり

ます。

　2点目が渡航前の予防接種です。海外で重症な病気にかかることを防ぐために実施することを強く推奨します。厚生労働省検疫所に渡航先別の必要なワクチンが記載されています（＊4）。またワクチンは一部の医療機関にしかありませんので，日本渡航医学会の国内トラベルクリニックリストなどを参考にしてください（＊5）。

　3点目は，海外危機管理対応の会社との契約を検討することです。不調時に病院にかかろうとしても，言葉の壁や受診手続などがあり困難です。病院の手配や医療通訳を担う人を派遣したり，メンタルヘルス状態のチェックやカウンセリングなどのサービスを提供してくれる会社があります。

✒ 弁護士の視点

　私自身も海外（中国）で1年の半分駐在して仕事をしており，とてもよくこの問題が理解できます。私は日本の企業も転換期にあると思っています。これまでは日本の文化，風土，仕組みを現地法人に持ち込んで日本人駐在員が経営を担うことがよくありましたし，現在もこの形態が多いです。

　しかし，実際に利益を出して人材を育て順調に経営をしている現地法人は少なく，損失を出しながら縮小を続ける現地法人も少なくはありません。現地の文化や風土，商慣習や市場ニーズをつかみきれず苦戦しているのです。

　また，ご質問のとおり現地に馴染めず帰国する駐在員も少なくありません。人間関係，健康状態共に悪化し，失意のままに帰国する人を何人も見てきました。

　しかも，海外駐在を希望する従業員も減少している印象があり，ますます人材不足になっております。

　では，どうすればよいのか。私が考える方策は以下のとおりです。

① 海外駐在を希望する従業員を中途採用する

　最近増えているのがこの形態です。海外経験が豊富で海外で働き続けたいという人もたくさんいます。皆さん，現地の文化や風土，仕組みに慣れており，外国語も堪能な人が多いです。海外赴任に消極的な駐在員かどうかは現地法人

の従業員はすぐ見抜きます。やる気のない駐在員に来てもらうことくらい迷惑なことはありません。スペシャリストとして海外駐在を希望する従業員を中途採用するべきです。

② 本社で幹部外国人の人材育成をする

ありがたいことに日本には海外から多数の留学生が来ております。留学が終わればそのまま母国に帰る人も多いですが，日本での就職を希望している方も多いです。このような人材を本社で採用して，幹部候補生として育成し，将来母国で駐在員になってもらうことが考えられます。グローバル企業はこの方式を採用しており，日本の企業文化を理解しながらも，現地法人で経営者として活躍してもらえます。意欲も忠誠心も高く，皆さん幹部として活躍しています。

新卒一括採用の日本人だけで企業人事がうまく運営できる時代は過去のものになりつつあります。良い意味で多様性を確保するべき時期に入っています。

＊1　外務省「海外在留邦人人数調査統計 平成30年要約版」(2018年)
　　　https://www.mofa.go.jp/mofaj/files/000368753.pdf
＊2　外務省「2017年海外邦人援護統計」(2018年)
　　　https://www.anzen.mofa.go.jp/anzen_info/pdf/2018.pdf
＊3　エリン・メイヤー『異文化理解力』(英治出版，2015年)
＊4　厚生労働省検疫所「海外渡航のためのワクチン」
　　　https://www.forth.go.jp/useful/vaccination.html
＊5　日本渡航医学会「国内トラベルクリニックリスト」
　　　http://jstah.umin.jp/02travelclinics/

7-9　労　災

 Case 23　退職後，労基署にかけこむ

　私は中小IT企業の人事総務を担当しています。

　弊社のシステムエンジニアのAさんはもともと残業が多かったのですが，納品遅れとクレーム対応からより多忙になり，突然「うつ病」との診断書を提出し欠勤し始めました。

　私はすぐ職場に戻ってくるだろうと軽く考えたのですが，いつまで経っても復職しようとしません。

　一応弊社の休職規定では，欠勤1か月と休職期間半年が最大限認められます。

　「休職期間が満了してしまうが，これからどうするのか，復職するならば診断書を出しなさい」と連絡をしても，曖昧な返事をするばかりで要領を得ませんでした。

　そのため，休職期間が満了したので休職期間満了通知を出して自然退職扱いとしました。弊社の就業規則では，休職期間満了により自然退職扱いとなるからです。

　退職手続のため連絡したところ，Aさんは「私は会社の長時間労働のせいでうつ病になりました。労基署に行って労災申請を行います。会社も協力するべきです」と言ってきました。意味がわからないので無視しようかと思いますが，無視してもよいものなのでしょうか？

弁護士の視点

　本事例で気になるのは長時間労働です。

　厚生労働省の「精神障害の労災認定」（＊1）では，精神障害発症前に長時間労働があったか否かを労災認定の重要な要素としてあげています。

　例えば，

　・発病直前の1か月におおむね160時間以上の時間外労働を行った場合

　・発病直前の3週間におおむね120時間以上の時間外労働を行った場合

は，それだけで労災認定がなされてしまいます。

または,

- 発病直前の2か月間連続して1月当たりおおむね120時間以上の時間外労働を行った場合
- 発病直前の3か月間連続して1月当たりおおむね100時間以上の時間外労働を行った場合

も労災認定がなされてしまいます。

　そのため長時間労働がうつ病発症前にあったか否かは重要な事実となります。

　「労災は保険手続なのだから本人の好きにさせればよいではないか」と思うかもしれませんが,労災と認定されてしまうと多くの場合安全配慮義務に違反したとして会社の責任も認められ,労災給付で賄いきれない損害については会社が損害賠償義務を負います。

　そのため,休職期間中の賃金相当額や慰謝料を会社が負担しなければならなくなります。

　実は長時間労働により精神疾患を発症した場合,弁護士が労災申請に関与する場合も多く,本事例でも弁護士に相談している可能性があり,安全配慮義務違反による損害賠償請求を予定している可能性があります。

　もう1つ気になるのは自然退職扱いです。自然退職扱いと名前は付いているものの実際は解雇と同じように扱われますので,労働契約法16条により,合理的理由と社会通念上の相当性が必要です。また,労働者が業務上の負傷をし,または疾病にかかり療養のために休業する期間およびその後の30日間は労働基準法19条により解雇は禁止されています。そのため,本事例では,労災が認定されれば自然退職扱いが無効となり,従業員としての地位が残るため,訴訟で解雇が無効であると判断されれば,毎月の賃金を支払わざるを得なくなります。

　また,長時間労働で未払い残業代が存在している場合は,同時に未払い残業代を請求されることもあります。

　以上のとおり,非常にリスクがある事例ですので,Aさんと早めに話し合いの機会を設ける必要があります。労災が認定される可能性が高いのであれば,労災であることを前提に,労災申請に協力をして民事上の損害については示談をすることも現実的な選択肢となります。労災に該当しないということであれば,労災申請に協力しつつも,業務上災害によりうつ病を発症したわけではな

いことを労働基準監督署に意見書等を提出することになります（6-5参照）。

産業医の視点

　システムエンジニアの場合，プロジェクトの状況で繁忙期が決まります。進捗が遅れることは珍しくなく，遅れを取り返すために長時間労働や休日出勤が当たり前の環境になっている場合も多々あります。

　また，客先のオフィスに常駐に近い形で業務をすることがあります。上司と別の場所で働いていることもあり，忙しさの実態把握や体調の確認がおろそかになったり，労働時間管理が自主申告に任せきりになったりしていることもあります。その他，上司も管理だけを求められるわけでなく，プレイヤーとして働いている場合などでは，プロジェクトが多忙なときほどプレイヤーの比重が高まり，ますます部下に気を配ることが難しくなる場合もあります。

　これらの理由により，いわゆるIT系の職種は健康管理の視点からは対応が難しいものの1つですが，難しいことを承知しつつ「できる範囲で労務管理や健康管理を推進する」という姿勢が関係者には必要だと思います。具体例をあげると，定期的に，かつ医師による長時間労働者の面接指導の機会に上司とのミーティングの場を設定するなど，コミュニケーションを希薄にしないような運用面での工夫が重要だと感じています。

　労働時間管理についても，弁護士コメントにあるように労災認定と密接に結びついています。ガイドライン（＊2）などを参考の上，労働時間の把握が不十分にならぬように留意してください。

＊1　https://www.mhlw.go.jp/bunya/roudoukijun/rousaihoken04/dl/120215-01.pdf

＊2　厚生労働省「労働時間の適正な把握のために使用者が講ずべき措置に関するガイドライン」（2017年）
https://www.mhlw.go.jp/stf/seisakunitsuite/bunya/koyou_roudou/roudoukijun/roudouzikan/070614-2.html

あの人パワハラするんです

企業で常勤の保健師をしています。会社に入社して2年，最初は戸惑いもありましたが，会社の1年の流れもわかりましたし，600人いる従業員の顔と名前も少しずつわかってきました。

先日，商品開発課の34歳の男性スタッフからメールが来て，「こっそりと相談に乗ってほしい」と言われました。健康管理室に来てもらって話を聞いてみると，実は商品開発課のA課長がパワハラをしてくるという内容でした。

具体的に何をされているかを聞くと，「A課長はターゲットを決めてその人を吊し上げることで課を引きしめるタイプです」「以前は副主任がターゲットになっていて，課長は1時間机の前で大きな声をあげながら叱責していました」「指摘される内容はごもっともなことで反論できるようなものではないのですが，だからこそ逆に逃げ場がない状況になります」「副主任は今回の異動で品質保証課に異動しました。これから課の雰囲気はどうなるかと思っていたのですが，先日私がうっかりミスをしてしまい，20分も怒られてしまいました。それからは自分がターゲットになったように思います」との発言がありました。

これから先どうしたいと考えているのかを本人に聞いたのですが，「課長の前では頭が真っ白になってしまい，うまく返答することもできません。とはいえ，自分で何とか解決したいと思っています」と話してくれましたが，具体的なプランは思いつかない様子です。また，彼は「このことが課長の耳に入ったら，もっとひどいことになりかねません。人事部門にも言わないでください。飛ばされたら単身赴任になるかもしれません。ウチは共働きです。単身赴任になったらアウトです」と言っています。

これでは相談を受けた私としても手の打ちようがありません。私も困ってしまいました。

産業医の視点

傾聴してご本人の現状をうまく聞き出せたのではないかと思いますが，これからどう関わっていけばよいか悩ましいですね。

ご本人の体調はいかがでしょうか。ハラスメントが契機となり，メンタルヘルス不調を引き起こすことがあるため，丁寧な体調の確認が必要です。体調を

崩している場合には産業医面談につなげることも検討しましょう。産業保健スタッフ間はチーム内守秘義務の考え方も有用です（「Case27　私に依存してこないで！」参照）。

　社内のハラスメントの相談窓口のことをどこまで知っていますか。単に「ハラスメント窓口があるからそちらに相談してみたら」と本人に発言してしまうだけでは，相談者は「勇気を出して相談に来たのに放り出された」と感じてしまうかもしれません。どの部署が担当していて，窓口に相談があれば誰まで情報が共有され，実際にどのようなヒアリング・調査がなされるのかを理解しておくと，対応に深みが出ます。

　相談に来られている人は，困っているからこそ来訪しています。ですので，その気持ちをくみ取ることが重要です。一方で，このような事態に陥っている方の中には，「上司や人事といった他の人に伝わることなく，産業保健スタッフに相談することだけで，事態が解決してほしい」という希望が見え隠れすることもあります。残念ですが，それは現実的には困難です。この点については，難しいことは難しいときちんと伝えることも専門職として重要だと思います。

　ハラスメントは一方だけの主張で判断できるものではありません。産業保健スタッフとしては今発生している事態がハラスメントかどうかを調査するという視点ではなく，ハラスメントを受けたと思っている相談者の心身の体調を踏まえ，相談者と複数回の面談をしながら，相談者にとっての最善は何かを共に考え続けるのがよいと思います。

　なお，もしあなたがハラスメントの相談窓口の一員であった場合には，二重関係（多重関係ともいいます）に注意してください（2-2-8参照）。

弁護士の視点

　職場のパワーハラスメントとは，同じ職場で働く者に対して，①職場において行われる優越的な関係を背景とした言動であって，②業務上必要かつ相当な範囲を超えたものにより，③その雇用する労働者の就業環境が害される行為（改正労働施策総合推進法30条の2第1項）ですので，ご相談内容のみからするとA課長の行為はパワーハラスメントに当たる可能性があります。

　「以前は副主任がターゲットになっていて，1時間机の前で大きな声をあげ

ながら叱責されていました」「指摘される内容はごもっともなことで反論できるようなものではないのですが,だからこそ逆に逃げ場がない状況になります」との内容は実務上よく起きうる内容で,①上司に能力と意欲があり,②仕事ができない部下に理解を示さず,③感情の赴くまま侮辱・罵倒に近い叱責を,④自覚なく行うという特徴があります。

このようなケースは上司に自覚がないため第三者の指摘がないと状況は改まりません。やはり勇気をもって人事総務等に相談する必要があります。

まず,メモ等の記録を取るとともに録音をしたほうがよいかと思います。録音は非常に証拠として価値が高く,会社の人事総務部が想像していたよりも遥かにひどい内容であることが聞いてすぐわかります。

報復等は十分あり得ますので,人事総務部に対しては「必ず何らかの報復行為を受けるので,くれぐれも報復行為を行わないように念を押してほしい」とお願いしたほうがよいです。ところが,残念ながらこの種の上司の方はそれでも報復行為を行ってしまいます(「お前,ただじゃおかねえぞ」「今に見てろよ」)。その場合も録音するしかありません。録音の証拠としての価値は高く,単なる文字情報以上に上司の侮辱,罵声の様子がわかります。そのため,会社も本格的な調査を始めやすくなり,最終的には上司が異動・懲戒処分の対象となります。

上記の点を相談者に伝えて,会社の人事部門に相談するよう促し,必要であれば人事部門への申告に同席してもよいかもしれません。もし相談者の決心がつかない場合でも,その後も折りを見て相談者に声を掛け,場合によっては再度,人事部門への相談を促してよいと思います。

7 -10　医　療

 Case 25　医者と会えない

　私はある飲食店のオーナーをしています。5 店舗ほど運営しているので，それぞれの店舗の細かなところまでは目が届きません。ですので，それぞれの店舗の店長に売上の管理や人の採用まで任せています。私の運営している店舗の 1 つのベテラン店長（35歳男性）はいつも店舗で社員やアルバイトに目を光らせてくれるので，こちらも安心して任せていましたが，最近おかしいのです。

　当初はなんだか疲れているように見える程度でした。ところがその後，周りの人から「最近店長がおかしいです。何とかしてください」という報告があがってくるようになりましたので，私も驚きました。

　声をかけそびれていたところ，店長から「疲れがたまっているのか，体が動かないので病院に行きました。医者からも勧められたのですが，2 週間ほど休ませてもらえませんか？」と申告がありました。辞められても困る人ですし，2 月でお客さんも少ない時期でしたから「勤務10周年のお祝いということにしてやるから，海外にでも行っておいで」と言って送り出しました。

　ところが，その後も会社に出てきません。本人は「もう少しかかるといわれました」というだけで，それ以上のことは答えません。病院にいくときに私も半ば無理やり一緒についていきました。そのときに初めてかかっている病院が心療内科だとわかりました。医者から直接話を聞こうと思ったのですが，結局会えませんでした。

　今まで頑張ってくれていた人なので，これからもウチで働いてほしいと思っていたのです。けれども今後のめどがわからない状態だと，店舗運営もままなりません。副店長を店長に昇格させてしまおうかと思っていますし，本人にはさっさと引導を渡すつもりでいます。

🩺 産業医の視点

　オーナーとしては不本意な事態になってしまったと考えるのでしょうが，もし時計の針を休業前に戻せるのならば，違った展開があったのかもしれません。
　店長よりも役職が下の人間が，店長を飛び越してオーナーに苦情を言ってき

た状況でオーナーが動き，直接店長に確認をとれば，店長の状態が早めにわかったように思います。また，店長から申告があった時点で，もう少し深く掘り下げて話を聞いておくことも重要でした。不調に至った本人なりの理由を聞きつつ，安心して療養できるように情報を伝える必要がありました（2-4-5参照）。なお，メンタルヘルス不調による体調不良は，気晴らしで解決する質のものではないことが多いのもポイントの1つです（2-2-2参照）。

　早めに声をかけておくことのメリットは，不調の早期発見だけにとどまりません。会社の動き出しが遅いほど，本人が「会社は結局のところ自分のことなど気にかけてくれない」という気持ちを持つことになり，本人と会社との関係がこじれる原因になります。

　一方で，情報収集の無理強いはしないようにしましょう。「メンタルヘルス不調者には（クビにしたいからではなく），しっかりと療養してもらいたいこと」，「中途半端に回復した状態で復職をするのではなくきちんと仕事ができる状態になるまで療養してもらいたいこと」を明確に伝えておくことで，本人と会社との両者が復職に向けて協業する形になります（1-5参照）。

　病気が理由で一定期間の休職に入る場合には，診断書を会社に提出してもらうことも必要です（2-4-2を参照）。また，本人経由のことが多いでしょうが，休職期間が長くなりそうな時点で，休職期間満了日を主治医にも把握しておいてもらうことも重要です。

　なお，今回は産業医がいない会社ということでコメントしましたが，産業医がいれば，医師同士の情報提供の中でより詳細な情報を得ることができます。もちろんその場合でも本人の同意が前提となります。

🖊 弁護士の視点

　経営者の方のお気持ちもわかります。しかし気になるのは以下のコメントです。「けれども今後のめどがわからない状態だと，店舗運営もままなりません。副店長を店長に昇格させてしまおうかと思っていますし，本人にはさっさと引導を渡すつもりでいます」。

　本人と話し合えば，すんなり退職するとお考えなのでしょう。しかし，必ずそうなるとは限りません。ご本人に退職勧奨や解雇を行った場合以下のリスク

があります。

① 未払い残業代請求

　仮に店長を管理監督者扱いをして残業代を支払っていなかったとすれば，高額の未払い残業代を請求する可能性があります。これまでの裁判例では，シフト勤務に入って働いている店長職の場合は，管理監督者性が否定されているからです。2020年4月1日から賃金債権の消滅時効が5年（当面の間は3年）に延長されました。請求金額が多額に上る可能性があり，注意が必要です。

② 解雇は無効になる

　話し合いで退職勧奨を行うことは原則として違法にはなりませんが，解雇通知を行ってしまえば，この事案では解雇は無効となる可能性が高いです。日本の労働慣行では会社に休職制度があれば休職制度を適用し，もしくは休職制度がなければしばらく欠勤扱いにして体調回復を待つことが求められております。そのため，休職制度があるにもかかわらず休職を認めず，解雇をしてしまえば解雇が無効になる確率は非常に高いです。訴訟になり敗訴を前提とした和解をすれば解決金として相当額を支払うことになります。

③ 労災申請

　残業時間が長時間にわたり，かつその状態が一定程度続いていた上で精神疾患に罹患したのであれば，本人が労働基準監督署に労災申請を行い，労災認定を受ける可能性があります。労災により休業している期間は原則として解雇をすることができません。

④ 安全配慮義務違反による損害賠償請求

　会社は，安全配慮義務と言い，「労働者がその生命，身体等の安全を確保しつつ労働することができるよう，必要な配慮をする」（労働契約法5条）義務を負っています。会社での長時間労働により健康を損ねた場合は，安全配慮義務違反による損害賠償請求が認められることになります。

　以上のリスクを考えれば，店長にはしばらく休んでもらい（傷病手当金を受給すればある程度生計は維持できます），体調回復を待ってから今後の処遇等を話し合う必要があります。

Case 26　メンタルヘルス分野は苦手でして…

300人ほどの規模の会社で，人事のマネージャーをしています。

今回，メンタルヘルス不調者が出て困っています。ウチはもとから産業医の先生に来てもらっていて，衛生委員会に参加してもらったり，健康診断の結果を確認してもらったり，長時間労働の面談をしてもらっていたりしたのですが，それ以上となるとなかなか難しいようです。

先日，抑うつ状態の診断書が従業員から出てきました。人事から話を聞いても，すぐに本音は出てこないし，体調の把握も難しいだろうとも思って，産業医の先生に面談をお願いしたのです。ところが「私の専門は内科で，メンタルヘルスのことはよくわからないのです」と断られてしまいました。

産業医を精神科の先生に変更することも考えていますが，今度は「こころ」は大丈夫でも「からだ」のことがわからないかもしれません。そもそも産業医の先生が見つかるのかという話もありますし，どうしたものか悩ましく思っています。

産業医の視点

産業医に果たしてほしい役割を十分に発揮してもらえないというのは悩ましい状況ですね。他方で，残念ながらそのような話をよく耳にします。解決へのヒントをお伝えします（コラム「産業医ってどんな人？」参照）。

実務的には，メンタルヘルス不調者との面談に前向きでない産業医に多くの役割を期待するのも難しいでしょう。方法としては2つあります。1つは，不調者との面談を少しでもしてもらえるよう模索する方法です。職場のメンタルヘルス不調者対応というのは，治療のスキルが必要なわけではありません。面談の中で情報収集ができれば，それなりの役割を果たすことができます。産業医がヒアリングした情報だけでは，復職の可否判断が難しい場合には，人事担当者が本人から聴取することで補足します。復職時に必要な情報については，2-6を参考にしてください。

推奨したくはありませんが，頑なに面談を断る産業医でしたら産業医の交代を考えることもあろうかと思います。医師会に相談する，健診を委託している

機関に相談するなどの方法があります。最近は，大都市を中心に産業医専業で
開業している医師が増加傾向にありますので，検討できるかもしれません。

　産業医と契約書を締結する前に「何ができる医師なのか。会社としては何を
してもらいたいか」と話し合うことをお勧めします。産業医契約をどうすれば
よいか悩まれている場合にはひな形が掲載されているリーフレットを参考にし
てみてください（＊1）。なお，産業医の選任は1人でないといけない理由はあ
りません。探すことの難しさとコストの課題はありますが，現行の産業医に加
え新たにメンタルヘルス不調者対応のための選任をすることもできます。また，
非常勤の形で保健師に来てもらうことも選択肢になるかもしれません。

✒ 弁護士の視点

　まれではありますが，産業医がメンタルヘルスに不調を来している従業員と
の面談に消極的な場合があります。理由はさまざまあるようですが，私は産業
医の交代を検討することをお勧めします。多くの場合は，「もともとそれほど
負担がないという前提で契約したのに，これ以上は対応できない」というのが
理由のようで，これ以上多くの負担を望める状態にないからです。

　新しく産業医と契約をするとコストが上がってしまうかもしれません。しか
し，従業員の健康管理を行うことで人材の定着を図ることができます。人手不
足の時代，従業員の健康管理に万全に対応しておくことでより経営上のメリッ
トも大きくなります。また，今後は従業員が健康で生き生きと働ける企業でな
いと生き残ることはできません。さまざまな手段を通じて新しく産業医を探す
ことをお勧めします。

＊1　厚生労働省「中小企業事業主の為に産業医ができること」（2019年）
　　　https://www.mhlw.go.jp/content/000501079.pdf

私に依存してこないで！

Case 27

> 私は大手の食品製造業の本社で常勤の看護職をしています。産業医は週2日で訪問してくれます。
>
> 今23歳の男性社員のことで悩んでいます。彼は半年ほど休んでいますが，最近，週に2回ほど電話がかかってきて30分から1時間ぐらい体調不良の苦しさを訴えてきます。以前から電話魔だったようで，最初は友人に話を聞いてもらっていたようですが，最近はこちらに電話がかかってくるようになりました。
>
> 体調が悪いのは事実のようです。通院の頻度も2週に1度から毎週になっているみたいですし，それに加えてカウンセリングを週2回受けているみたいです。つまり週に3回クリニックに通っていて，それ以外の平日には私に電話をかけてきている状態です。ちなみに，今回悪くなったきっかけは，1か月ほど前に親から「いつまで会社を休んでいるんだ」と言われたことのようです。
>
> 力になってあげたいとは思います。ただ，私は彼の専属ではありません。他の業務もあります。ですので，せめて本人からの電話が月1〜2回程度におさまってくれればと思うのです。でも，きっとそれを本人に伝えると，「裏切られた」と思い，病状が悪化するでしょう。
>
> さらにつらいのが，本人との電話の最後で「わかってくれるのは，看護師さんだけです。体調が悪いのを人事に知られたくないので，秘密にしておいてください」と言われることです。こんなとき，私は誰にも言ってはいけないのですか？

産業医の視点

とても悩ましい状況ですね。戸惑って当然だと思います。しかもこのような方は全か無かの思考を持つことが多く，今まで信頼関係にあると思っていた方であっても，その人から否定的な発言があったと当人が受け止めた瞬間，関係性が一転し，攻撃的になる可能性があります。とはいえ，頻繁に相談にくる状態が続くと他の業務に支障を来しますし，なにより相談を受ける側が燃え尽きてしまいます。

まずはチーム内守秘という考えで，産業医や他の産業保健職と今の事態を共有しましょう（2-2-6参照）。その上で，2つのアプローチを選択肢として考えつつ対応を進めます。

　1つ目は，主治医と連絡を取り事態を共有することです。主治医やカウンセラーも苦慮されているとは思いますが，こちらの現状をどこまで把握しているかは未知数です。まずは現状を主治医に報告するとともに，これほど高頻度に連絡をしないと心身の安定が保てない現状に対して主治医がどう評価しているのかを問うなど，連携を取ることで見えてくるものがあるかもしれません。また，背景に発達障害やパーソナリティ障害があることや，もしくは躁状態にあることなどが判明し，診断病名と治療方法が変更される可能性もあります。

　2つ目は，これだけ電話をしないといけないという事実を本人と共有し，その事例性を軽減するために必要な方策を話し合うことです。電話せざるを得ない本人の気持ちを拾い上げたうえで，長時間・高頻度で電話をして苦しみを伝えないといけない状態が復職をする上での課題となっていることを伝えます。その上で，どうすれば電話の回数を少なくできるのかを本人と話し合うことになります。その他，行動療法の知見を生かし，電話したくなった気持ちと実際に電話した回数を記録するという手法なども検討できますが，治療の主導は主治医にお任せすることが望ましいでしょう。

　なお今回は度重なる電話を一例としましたが，自傷行為や周囲への暴言など他の悩ましい行動であっても対応は相似だと考えます。

✒ 弁護士の視点

　相談者と従業員との信頼関係が重要になりますが，やはり産業医にはある程度情報共有をしていただく必要があります。後々，復職をする際に情報の共有ができていないと産業医の意見に影響が出てしまう可能性があります。

　会社の人事部門には秘密にしてほしいとのことですが，万が一復職にあたって意見の相違がある場合は，会社にも情報を共有して復職の可否，復職後の職務内容等の判断材料にしてもらう必要があります。現時点で会社に情報を共有しないまでも，電話会話内容の詳細はメモにしてまとめておく必要があります。

　また，実務では相談者に感情移入しすぎてしまうこともあり得るのですが，産業医や産業看護職は，産業保健に関わる者として，相談者や会社の代理人としてではなく，医学的・社会的に妥当な状況は何かを中立・独立的に考えることが求められます。

7-11　その他

 Case 28　家族が前面に立つ

　中小の広告代理業の総務を担当しています。入社2年目で23歳男性が休職に入りました。適応障害という診断書が提出されました。ところが，休職期間が6か月経過した頃，親が同伴して，「うちの子がこのような体調になったのは，ハラスメントがあったからだ。慰謝料を支払え。休職ではなく労災扱いにしろ」と言って急に会社に怒鳴り込んできました。

　急いで当社で調査をしたところ，確かに上司が厳しく指導したことはあったようですが，特に暴言も吐かず，指導回数も短時間で1回のみだったそうです。会社としては通常の範囲内の指導であったとして，パワハラではないと考えております。長時間労働もありませんでした。今後どのように対応したらよいでしょうか。

弁護士の視点

　会社の調査でパワハラの事実がないということであれば，就業規則のとおり粛々と休職は進めるしかありません。男性従業員が労災申請を進めたいのであれば，会社としては必要な情報を提供しつつも，労災申請は男性従業員自身が進めることとして，会社は労働災害には該当しない旨の意見書を労働基準監督署に提出することになります（6-5参照）。

　本事例では，男性従業員は23歳とまだ若く，体調が回復して転職することも十分可能です。このような場合は，親がクレームを言っていても，話し合いややりとりを重ねているうちに，将来のことを考えて行動してくれることが多く，最初は感情的であっても，次第に冷静になり，復職もしくは退職の話し合いにつながることになります。

産業医の視点

　親や配偶者を交えて話をするということについては，「ケースバイケース」

としか言いようがないほど，バリエーションがあります。メンタルヘルス不調において家族に関与してもらうことが大前提と考える医師もあり（＊１），産業医によって見解が分かれるところです。また，人事担当者は「成人している従業員の件に対して，家族の関与まで必要なのか」と考えることが多いように思います。

　家族にも関与してもらうメリットとして，本人が日常生活をどのように過ごしているか，病院に付き添っているかなどを家族から伺うことで，本人の面談からだけでは得がたい情報を得ることができます。また療養に関する助言について家族にもお伝えすることで，本人の聞き漏れを防ぐことができます。

　一方で，家族が本人の苦しい状況を見て代弁する形で会社に種々の要求を主張するような場合もあります。そして，それが時に本人と家族との間で乖離しているのではないかと感じることや，本人が完全に口をつぐみ家族に委ねてしまっている場合があります。これでは結果的に本人のためにもなりません。

　このような事態が起こった場合には，まずは会社が認識している事実関係を本人とご家族に伝えた上で，「ハラスメント」「労災」について，本人の意向を確認してみてはいかがでしょうか。本人も本件に合意するならば労働基準監督署の判断を仰ぐ形になるでしょう。しかし，本人の意向が定まっていない場合や，ハラスメントの本人調査ができるだけの心理的な負荷をかけるのが不適な病状の場合，冷静に判断できるだけの思考力が十分回復していない場合なども多いように思います。

　その際は，時間を置いてあらためて話し合いの場を持つことが望ましくなります。迅速に動いたほうがよいのか，お互いに冷静になれるときを待つほうがよいのか，その判断もかなり重要です。

　＊１　高尾総司『健康管理は社員自身にやらせなさい』（保健文化社，2014年）85〜88頁

226

Case 29 前の人にはしてくれたのに私にはなぜ配慮がないの

> デザイン会社の人事総務を担当しております。従業員70名規模の会社なのですが，困っていることがあります。
>
> 3年ほど前にデザイナーのAさん（30代）がうつ病になり休職に入りました。Aさんは仕事もでき当社への貢献度が高いため，本来は就業規則で半年と規定している休職期間を1年に延長しました。幸いにAさんは体調が回復し，今は残業も含めて通常の業務ができます。
>
> 次に，同じデザイナーのBさん（40代）がうつ病になり休職に入りました。AさんとBさんは折り合いが悪く，かつ社内でもライバル関係にありました。ただ，会社はBさんについてはAさんほど評価しておりませんでした。Bさんは約半年前に同じようにうつ病になりました。会社は，就業規則に従って休職期間を半年としたのですが，Bさんの回復は思わしくないようで，Bさんは半年で復職をすることができませんでした。会社は規定通り自然退職扱いをしようとしたところ，「なぜAさんには配慮したのに，私には配慮しないのか。おかしいのではないか」と言って，これから弁護士に相談に行くと言っています。どうしたらよいでしょうか。

弁護士の視点

　この種の事例について裁判例はありませんが，公平性の観点からAさんのみを特別扱いをする事情がなければ，Bさんについても休職期間半年のみで退職扱いをすることは法的には無効となる可能性があります。休職期間満了により自然退職扱いをしたとしても，労働契約法16条（「解雇は，客観的に合理的な理由を欠き，社会通念上相当であると認められない場合は，その権利を濫用したものとして，無効とする。」）が適用されるため，最終的には合理性と相当性で判断されます。Aさんのみを特別扱いをする合理性と相当性は通常ありませんので，やはり休職期間満了による自然退職扱いは無効となると思われます。

　本事例では，Bさんと話し合いを行い半年間休職期間を延長する必要があります。

🩺 産業医の視点

　本事例を産業医から見た場合，AさんであってもBさんであってもご本人の病状や考えを確認しながら，復帰を支援するという姿勢は変わることはありませんし，会社が従業員の退職をとめようとして休職可能期間を延長するという判断をすることを不満に思うことはないでしょう。

　ただ，Aさんの休職可能期間を延長するという判断を会社が取ろうとした際には，「次に同じような方が出てくることがあり得ますが，その場合でも同じような対応がとれますか。特例扱いをするならば，誰が聞いても納得できる理由がありますか」と担当者に聞いておきます。

　なお，今回の事例とはそれますが，従業員70名ほどの企業で同じ部署からメンタルヘルス不調者が立て続けに起こっているという事態は気がかりです。Aさん，Bさんそれぞれのメンタルヘルス不調に仕事の要因がどの程度影響しているかは不明ですが，長時間労働の常態化や有給休暇の取りづらさがある，人の入れ替わりが多い，などがあるのかもしれません。また，育児介護休業などについても制度はあっても形骸化している可能性も考えました。声の大きい人の意見が通り，そうでないと無視される社風の中でBさんは声をあげているのかもしれないと感じました（実際のところは確認してみないとわかりません）。

　事業場単位で考えると50人を超えていない可能性もありますが，ストレスチェックの集団分析を活用し，部署別のストレス度を出してみるなど職場環境を確認しつつ，より良い職場づくりをする方向にも目を向けることができれば，結果的にメンタルヘルス不調者の減少につながったり，労働トラブルが減ったりすることにつながるかもしれません。

第**8**章

従業員の健康情報管理

この章では，2019年4月に施行された働き方改革関連法の1つの従業員の健康情報管理についてお伝えします。

8-1 なぜ従業員の健康情報の取扱いがクローズアップされたのか

最近，世の中で個人情報の流出や，本人が認識しない形での使用などが頻発し，ニュースになりました。従業員の健康情報は個人情報であり，個人情報の中でも機微な情報の1つです。このため従来から労働安全衛生法104条（健康診断等に関する秘密の保持）として，罰則付きの規程が定められていました。そして，個人情報の保護に関する法律（いわゆる個人情報保護法）では，個人の健康情報は，個人情報の中でも特に配慮を要する個人情報としての枠組みである「要配慮個人情報（＊1）」として，取り扱うことが求められていました。

健康診断結果や診断書など，健康情報は結果によっては就労と密接に関係しますし，個人情報保護法をどう従業員の健康情報と関連づけるかという課題もありました。このため，労働安全衛生法の105条に移動した，健康診断等に関する秘密の保持の条文に加え，新たに労働安全衛生法の104条として従業員の健康情報管理の規程を作ることが定められました。

取扱いに注意が必要になるからといって，会社が全く従業員の健康情報を保持しないというわけにはいきません。健康診断結果など法定項目について情報を会社が持っておかねばなりません。また，メンタルヘルス不調者の対応をするためには，法律に定められている以外の場面でも従業員の健康情報を注意して取り扱うことが必要です。

医療情報は医療従事者でないと正確な判断が難しいものです。例えば，健康診断結果を見て，どのような結果であれば緊急の対応が必要で，就業する上での配慮事項は何かというのは，衛生管理者の知識だけではすべてを理解するのはなかなか難しいでしょう。

一方で，病気は本人や家族，同僚などの身近な関係者にしばしば起こるため，誰しも病気にまつわる経験があります。このため，例えば，「この病気はたいしたことがない。だって，祖父はこの病気を持っていても90歳まで生きた」と

いう考えや，「この病気にかかった人は，みんな退職してしまった。だから，この病気にかかった人は，もう仕事なんてできるわけがない」という考えを各人が持っています。経験に基づく考えはその人にとっては正しいものですが，今の医学や産業保健のスタンダードなものとは限らないのも事実です。

　このため，会社の担当者がそれぞれの考えで従業員のことを判断した結果，医学的に不適切な形で会社が従業員の就労について判断することがあり得，それが従業員に不利益が生じることがあります。例えば，「本来は働ける状態であるのに，会社をクビにされた／内定を取り消された」という出来事や，「本来はドクターストップの状態であるのに，会社から休みの了承が得られぬことから，病状が悪化してしまった」という出来事が起こり得ます。これは本人にとって不利益なのは言うまでもありませんが，労働トラブルという観点からは会社にとっても良いことではありません。

　会社が個人の健康情報をもとに不適切な対応をとった事例として，過去には，T工業事件（千葉地判平12.6.12労判785号10頁）のように，HIV（ヒト免疫不全ウイルス）に感染しているかどうかの検査を会社が行い，その結果に基づいて当該従業員を解雇したことが無効であるとされた判決があります。類似の判決も複数あり，これはHIV感染に限ったものではありません（例えば，B金融公庫（B型肝炎ウイルス感染検査）事件・東京地判平15.6.20労判854号5頁）。

　会社が不適切な取扱いをする場合，もしくは不適切な取扱いをしかねないと従業員が考えた場合，従業員が健康情報を開示しないという流れになります。これは体調が悪い状況でもギリギリまで働き，限界を迎えて突然に休職・退職することにもつながりますので，従業員・会社双方にとって良いことではないでしょう。

　今回の従業員の健康情報管理は法律で定められたから作ることになったのも事実ですが，法制化を1つの機会として従業員が安心して健康情報を会社に提示できるように形を作っていくという姿勢も大切です。

　なお，健康情報の取扱いについては，50人未満の事業場も対象となっていますので，注意してください。

＊1　要配慮個人情報として，健康情報以外には「人種，信条，社会的身分，犯罪の経歴，

犯罪により害を被った事実その他本人に対する不当な差別，偏見その他の不利益が生じないようにその取扱いに特に配慮を要する個人情報」が該当します。

8-2　規程化するための具体的な方法

ここでは実際に会社で従業員の健康情報管理の規程をどのように作る必要があるかについてお伝えします。1から規程をつくるケースを中心に説明します。

8-2-1　方針を決める

規程化するにあたり，まずは方針を決めましょう。ここでの方針とは，主管部署と文書の影響が及ぶ範囲です。

主管部署は，健康管理を主体的に行っている部署が対応することになります。担当者の能力やマンパワーなどによって，支援部署にどの程度応援を求めるか異なってくるでしょう。2-2-6を参照しつつ，読み進めていただければと思います。

常勤の産業医や産業看護職がいる場合には，その部署が主管となるでしょう。ただ，規程の作成までスムーズに対応できる産業医や看護職ばかりとは限りません。産業医や看護職には8-2-2までは対応してもらい，8-2-3以降は，規程作成に長けた人（人事担当者や衛生管理者）にバトンタッチするほうがよい場合もあります。

産業医や産業看護職が，非常勤もしくは不在である大多数の事業場では，衛生管理者に期待したいところです。とはいえ，衛生管理者の役割・権限は会社によって大きく異なりますし，多くは主担当の業務を持ちながら衛生管理者を兼務していることが多いのも事実です。そのような場合には人事部署とその担当者が，規程の作成に主体的な役割を果たすことになるでしょう。

規程の影響の及ぶ範囲についても考えないといけません。労働基準法や労働安全衛生法は事業場単位が基本ですし，本規程についても衛生委員会の審議が求められていますので，最終的には事業場単位で決定することになります。とはいえ，会社全体としての旗振り役が不在のまま事業場ごとで規程を定めるとなると，場所によって情報の取扱い方法が異なるなど混乱してしまいます。少

なくとも文書の根幹部分は統一し，それぞれの事業場の担当者が動きやすくなる範囲で微調整を本社が了承する形が望ましいでしょう。規模の大きい企業の場合，関係会社と一体運用できる形で規程を作れば，効率化を図ることができます。

　このように規程の範囲は，会社の規模や考え方で調整できます。規程が現実と乖離したり，情報を取り扱う現場の担当者が困ったりしないよう，規程を作成する担当者にはマネジメント力が求められます。

8-2-2　現状を洗い出す

　書式案は，厚生労働省が「事業場における労働者の健康情報等の取扱規程を策定するための手引き」（以下「手引き」と略します）を出しています（＊1）。しかし最初から手引きに飛びついてしまうと会社の実態に合う形で作りにくくなる可能性があります。

　まずは，現時点で従業員の健康管理のために運用・使用している規程や様式をすべて洗い出しましょう。その際の切り口は，①実際の活動単位で考える（健康診断（法定，法定外），健康診断後の対応（就業判定，保健指導，特定保健指導，紹介状作成），長時間労働者に対する医師の面接指導，ストレスチェック，復職関連の面談，健康相談，海外赴任者対応，健康イベントなどの会社独自の活動などがあげられます），②それぞれの書式に関する情報の共有範囲を確認する，③社外との連携など第三者が関与している場合を確認する，の3点です。なお，その際には業種・業務内容によって，他にはない健康情報を収集している場合がありますので，留意が必要です（8-3-8参照）。

　また，今回の規程化にあたり関連する規程があれば，併せて確認しましょう。例えば，従業員の個人情報管理規程がすでに文書として定められ，従業員の属性情報（生年月日や住所など）や，人事情報（勤怠や処遇など）の情報の取扱いが定められていることもあります。この場合は従業員の健康情報の取扱規程は従業員の個人情報管理規程の下位文書として制定することになるでしょうし，上位文書の主管部署との連携も必須になります。

　会社によっては，情報セキュリティマネジメントシステム（ISMS）として，ISO/IEC 27001，JISQ27001の認証を取得されているかもしれません。この場

合には，すでにトップマネジメントを中心とした責任と権限が与えられている
など，体制がすでに整備されているはずですので，現時点でISMSの枠組みに
健康管理がどう位置づけられていて，今回を機に修正をかける必要があるのか
を考えます。不用意に修正すると認証にも影響しかねませんので，担当部署と
の連携を強く意識してください。なお，P（プライバシー）マークの場合は
JISQ15001の認証にはなりますが，同じく注意が必要です。

8-2-3　実際の規程を作成する

　取扱規程に定めるべき事項として，指針（＊2）には9点があげられています。
以下，解説しますが，手引きには取扱規程のひな形がありますので，うまく活
用してください。

　1点目は，取扱いの目的と方法です。目的は，「健康確保措置の実施」と「安
全配慮義務の履行」です。

　方法は，収集（情報を入手すること）・保管（入手した情報を保管すること）・
使用（情報を活用すること，もしくは第三者に提供すること）・加工（他者へ
の提供のために目的の範囲内で情報を変換すること）・消去（情報を削除して
使えなくすること）の5つがあります。

　手引きには記載されていませんが，情報の主体的に取り扱う部署や担当者が
誰かを意識するとよいでしょう。例えば，従業員の休職に関する診断書は，欠
勤や休職の管理の必要性から，人事担当者が保管・管理をしている会社が大多
数だと思います。診断書は，人事担当者が保管（ファイリング），加工（辞令
を通知），消去（退職後数年間してから廃棄）しますが，収集は本人から上司
経由で人事担当者の担当になっているかもしれません（＊3）。

　2点目は，取り扱う担当者とその範囲（権限）です。健康情報等の取扱いを
担当する者は，人事に関して直接の権限を持つ人（社長・役員・人事課長など），
産業保健業務従事者（産業医・産業看護職・衛生管理者），管理監督者（従業
員の上司）および人事部門の事務担当者（人事係員）です。

　衛生管理者は手引きの上では産業保健業務従事者として，産業医や産業看護
職と同等の権限を持った形で記載されています。これは衛生管理者が従業員の
健康障害を防止することを目的とした国家資格であるからです。しかし，

8-2-1にも記載したように，衛生管理者は他の仕事を兼業していることが多く，衛生管理者の役割・権限は会社によって大きく異なります。8-2-2を踏まえ，衛生管理者が現時点で健康情報に関わっているかを理解しないと，実運用と規程とが乖離しやすくなります。

　なお，ストレスチェックは，実施者や実施事務従事者でないと，個人の結果を見ることができません。このため，規程としても開示することを求めないようにしましょう（ただし，高ストレス者が医師の面接指導を希望した場合は，結果が開示されます）。

　3点目は，心身の状態の情報を取り扱う目的等の通知方法および本人同意の取得方法です。目的を明確にし，従業員に知らせることを求めています。従業員に知らせる方法として，公表（掲示板への掲示やイントラネットなど全従業員が見ることができる形で示しておく）と，通知（個別の従業員にメールを送る）とに分けられています。同意の取り方については，同意書の受領やメール受診などもありますが，口頭でも問題ないとされています。8-3-2も参照してください。

　4点目は，心身の状態の情報の適正管理の方法です。正確性の確保や，漏洩・改ざん等防止のための体制整備，情報消去の基準が必要です。

　5点目は，心身の状態の情報の開示，訂正等（追加および削除を含む。以下同じ）および使用停止等（消去および第三者への提供の停止を含む。以下同じ）の方法です。

　6点目は，心身の状態の情報の第三者提供の方法です。労働安全衛生法に基づく場合や，人の生命，身体，財産の保護のために必要な場合を除き，第三者提供をするときには本人の同意が必要です。また，第三者に提供したときには，その記録を作成して保管しておく必要があります。

　7点目は，事業承継，組織変更に伴う心身の状態の情報の引き継ぎに関する事項です。

　8点目は，心身の状態の情報の取扱いに関する苦情の処理です。問い合わせ窓口の設置，運用方法の周知などが求められます。

　9点目は，取扱規程の労働者への周知の方法です。イントラネットや掲示板への掲示などが代表的です。

その他，規程の主管部署や運用開始日なども記載しておきましょう。

* 1　厚生労働省「事業場における労働者の健康情報等の取扱規程を策定するための手引き」(2019年)
　　　https://www.mhlw.go.jp/content/000497426.pdf
* 2　厚生労働省「労働者の心身の状態に関する情報の適正な取扱いのために事業者が講ずべき措置に関する指針」平成30年9月7日労働者の心身の状態に関する情報の適正な取扱い指針公示第1号
　　　https://www.mhlw.go.jp/content/11303000/000343667.pdf
* 3　ただし，雇用管理分野における個人情報のうち健康情報を取り扱うにあたっての留意事項の中には，「事業者は，健康情報のうち診断名，検査値，具体的な愁訴の内容等の加工前の情報や詳細な医学的情報の取扱いについては，その利用にあたって医学的知識に基づく加工・判断等を要することがあることから，産業保健業務従事者に行わせることが望ましい」とされています。

8-3　作成・運用する際の留意事項

　従業員の健康情報管理規程を作成・運用するときに注意すべき事項を説明します。

8-3-1　労使の協議が必要

　作成した規程を従業員に公開しないままの状態では，規程が意味のあるものになりません。指針の中で衛生委員会などを活用し労使関与の下で内容を検討することを求めています。50人未満の事業場では衛生委員会の設置は義務づけられていませんので，職場懇談会などの形で別途労働者の意見を聴取する機会を作る必要があります。労働組合がある会社では，衛生委員会での審議の前に別途説明の機会を設けておくことも検討しましょう。

8-3-2　個別に同意書にサインしてもらわなければならないのか

　情報の共有範囲は悩ましいところです。要配慮個人情報は個別の同意を原則としますが，これは必ずしも個々の従業員に対して逐一同意書にサインしてもらわないといけないという意味ではありません。

　手引きによれば，①健康情報取扱規程を定め，②労使が審議し，③就業規則等に掲示するなどして，全従業員に周知し，④周知後は個々の従業員の求めに応じて丁寧に説明をする体制を整えて，⑤従業員本人が本人の意思に基づき会社に健康情報を提出したことをもって同意が得られたと判断してよいとされています。

　健康情報取扱規程に定めた情報の共有範囲が会社での取扱いの原則（デフォルト）となります。その上で，個別の従業員が情報の提供を拒んだり，共有範囲の変更を望んだりした場合には，別途対応を判断することになります。会社としての枠組みでの対応と個別での対応の 2 段階になっていると考えればわかりやすいでしょう。

8 - 3 - 3　　情報の共有範囲の設定

　考えておくべきなのは，デフォルトとしての情報の共有範囲を広めに設定しておき，従業員の求めに応じて共有範囲を縮小する方法をとるか，デフォルトの共有範囲を狭く設定しておき，個別の同意をとりながら共有範囲を広げる方法をとるかです。規模の大きな企業で専属の産業医や産業看護職がいる場合には，後者を選ぶことで従業員のプライバシーが守れることから，従業員が相談しやすい環境を作ることができます。一方で，専属の医療従事者が不在の場合には前者の方向性になるでしょう。

8 - 3 - 4　　保存形式に注意

　紙媒体を中心に検討するでしょうが，最近は健康診断や診断書情報などでペーパーレス化も進んできています。規程化する際に意識から外れがちの部分ですので，注意が必要です。

　電子データのセキュリティは，健康管理部署が単独で行うものではなく，会社としての取扱いルールが定められていると思います（例：持ち出し不可，セキュリティつきの保存媒体以外での保存禁止，ファイルへのパスワード付与など）。当然ではありますが，これらの遵守が必要です。

8 - 3 - 5 　 保存期間に注意

　健康診断をはじめとする健康情報の中には，法律で保存期間が定められているものがあります。通常の定期健康診断は 5 年程度ですが，有害業務に従事する人に対する健康診断では30年や40年といった長期の保存が必要なものがあります。現状の保存期間が法定で定められた保存期間より短くないか確認が必要です。

8 - 3 - 6 　 退職者情報の取扱い

　従業員の健康確保や安全配慮の履行という観点からは，従業員が退職すると同時に会社の責務は終わったと考えがちです。直ちに情報を廃棄する会社は少ないと思いますが，明確にはルール化されていない会社も多いのではないでしょうか。

　前項にあるように健診結果など法的に保存期間が決められているため，退職後も保存しておかないといけない情報があります（なお労働関係の書類はおおむね 3 年です）（*1）。また，従業員と会社との間で紛争が起こり，それが健康情報と関連していることがあります。また労災認定のための労基署調査もあり得ます。記録が残っていないと会社として事実や経過を正しく伝えることが難しくなります。

8 - 3 - 7 　 在籍出向，転籍出向の情報管理

　ここでは，在籍出向とは出向元に籍を残したまま他の企業に出向して働くことを指し，転籍出向とは出向元との労働契約を解消した上で，出向先の企業で働くこととします。

　在籍出向の場合は，出向後の健康診断の実施と健診の会社負担をどちらにするかはケースバイケースで定められます。転籍出向の場合は，転籍後の健康診断の実施は転籍先が実施することになります。

　留意点がいくつかあります。在籍出向で出向元が健康診断の実施主体になっている場合でも，出向先の会社と連携して従業員の健康管理がされないと，安全配慮義務の履行に問題が出る可能性があります。転籍出向の場合は，実施主

体が転籍先の企業にあるので上記の問題は出ませんが，出向以前の健康情報を
出向先の会社が本人の了承がないままで自由に取り扱うことは難しいでしょう。
このあたりは，出向元・出向先の会社の関係性（資本関係があるのか否かなど）
や個々の取決めによって対応がさまざまですし，画一的に規程には盛り込みづ
らい部分です。柔軟に，かつ検討漏れがないように注意が必要です。

8-3-8　特別な業務に関する健康情報

　従業員の健康が維持されないと，顧客の生命に危機を及ぼす業務についてい
る従業員に対して，行政が労働安全衛生法とは別の枠組みで健康状態の確認を
会社が行うように求めています。これらも健康情報に含まれますので，取扱規
程に盛り込みましょう。

　例えば，飛行機の乗務員に関する航空身体検査や鉄道の運転士の医学適性検
査，自動車運送事業者なども含めた乗務の前後のアルコール検知器による検査
などが該当します。他にも食品を取扱う従業員に対しての検便検査（食中毒防
止のため）や，病院で働く人に対しての感染症抗体検査（医療従事者を介した
感染拡大を防止するため）などがあげられます。

　＊1　今は3年ですが，5年に変更になる予定です。

COLUMN

社会保険労務士

　社会保険労務士（社労士）という国家資格をご存じでしょうか。医療職と同じ
く厚生労働省管轄の資格で，労働法（労働基準法や労働安全衛生法，労災保険法
など）と社会保険法（健康保険法や厚生年金保険法など）の専門家です。人事労
務部門の国家資格とも言いかえることができます。2019年8月現在，約42,000
人います（＊1）。
　社労士を活用した仕事の仕方は大きく2つに分かれます。1つ目は，開業社
労士として企業（特に中小企業）を顧問先として外部から人事部門を支援する役
割を担います。2つ目は，勤務社労士として，社労士の知識を生かしながら社
内での役割を担います。

　社労士がカバーする業務は多岐にわたります。働き方改革への対応，就業規則の作成・改定の支援や，賃金制度設計，労使紛争のあっせん（和解を目指す），年金相談などを得意とする社労士もいますし，衛生管理者資格も併せて保持していたり，メンタルヘルスや治療と仕事の両立支援への対応，障害者の雇用・就労継続支援などに力を入れる社労士もいます。

　メンタルヘルスの相談経験を持つ開業社労士は，すでに半数を超えています(＊2)。今後，医療職と社労士との連携が必要な機会が，ますます広がるのではないかと思います。

＊1　全国社会保険労務士会連合会．月間社労士．55（10）24頁
＊2　森本英樹＝諏訪園靖「メンタルヘルス個別対応における社会保険労務士の経験
　　　と経験に影響を及ぼす属性—横断調査—」産業ストレス学研究25巻2号273〜
　　　282頁

あとがき

　私は開業産業医として，労働衛生コンサルティングや嘱託産業医を行っています。そして，かなりの時間を従業員の休復職の対応に費やしています。心身いずれの病気でお休みすることになっても，まずは病気にかかる前の状態にまで回復していただき，本来の能力を発揮できるようになることが望ましいと私は考えています。

　とはいえ従業員が病気で休職になったとき，残念ながら十分に回復せぬまま退職されてしまうこともあります。現場を知る産業医と弁護士が，理想論のメンタルヘルス対応だけを語るのではなく，悩ましい状況に対してどう考えるのか，現実的な折り合いをどうつけるのかという点を示すことがこの本の意義だと考えています。

　産業医は医学の視点から人と組織とを見ています。病院に勤務する医師とは違って手術をしたり薬を処方したりはしません。決してきらびやかな仕事ではありませんし，ドラマや小説にもなりづらい世界です。従業員や人事担当者から建前と本音の両方を聞きながら，この人や組織に本当に必要なことは何だろうと考え，一緒になって悩むこと。それが何より大事で，間接的には労働のトラブルを防止しているのではないかと考えています。

　この本は，弁護士の向井蘭氏からお声をかけていただくことでから始まりました。また，中央経済社の川副美郷氏の取りまとめにより，単著とは異なる魅力を引き出していただけました。深く御礼申し上げます。

　私が医師になりずいぶんと年月が経ちました。ここまで私を導いてくれたのは，患者・従業員の皆さんであり，師であり，同僚です。多くの師の中で，特に産業医科大学の森晃爾教授，柴田喜幸准教授，千葉大学の諏訪園靖教授，株

式会社健康企業の亀田高志先生，専属産業医である坂田晃一先生，近畿大学の三柴丈典教授には多大なるご指導をいただきました。また多くの従業員の方の中でも，故 上山光浩氏と出会えたことは私の宝です。彼の信念をもってやり遂げる姿勢を私は模範としています。そして，常に心の支えになってくれる家族に心から感謝します。

医師　**森本　英樹**

索　引

■英　数

Big Five …………………………………… 46
B金融公庫事件 ………………………… 231
EAP ………………………………………… 81
ISO45001 ………………………………… 11
J学園事件 ………………… 87, 119, 158
M社事件 ………………………………… 193
NHK名古屋放送局事件 ………… 78, 79
NIOSH …………………………………… 45
O公立大学法人事件 …………… 82, 166
SDGs ……………………………………… 11
T工業事件 ……………………………… 231

■あ　行

アイフル（旧ライフ）事件 ………… 136
アルコール依存症 …………………… 202
安全運転相談窓口 …………………… 168
安全配慮義務 …………… 6, 135, 234
意見書 …………………………………… 142
異動 ……………………………………… 162
伊藤忠商事事件 ………… 98, 99, 100
医療保護入院 ………………………… 196
エム・シー・アンド・ピー事件 ………
……………………………………… 128, 192

■か　行

海外赴任 ………………………………… 207
過重労働対策 …………………………… 6
家族 ……………………………… 70, 71, 224
片山組事件 ………………… 102, 159
過労死等防止対策推進法 …………… 6
患者調査 …………………………………… 2
希死念慮 ……………………………… 195

キヤノンソフト情報システム事件 ………
……………………………………… 98, 103
休職期間中の問題行動 ……………… 113
休職期間の延長 ……………………… 91
休職制度 ………………………………… 88
休養 ……………………………………… 31
業務軽減 ………………………… 159, 160
勤務間インターバル制度 …………… 8
車の運転 ………………………………… 168
幻覚 ……………………………………… 109
健康確保措置 ………………………… 234
健康経営 ………………………………… 24
健康情報管理 ………………………… 230
降格 ……………………………………… 178
合理的配慮 …………………… 166, 181
心の健康問題により休業した労働者の職
　場復帰支援の手引き … 27, 87, 97, 122
個人情報保護法 ……………………… 230
個別労働紛争 …………………………… 4
コンチネンタル・オートモーティブ事件
……………………………………… 93

■さ　行

再発防止策 …………………… 65, 175
作業関連性 ……………………… 30, 65
産業医 ……………………… 21, 41, 96
産業医意見書 ………………………… 72
産業医契約 …………………………… 221
産業医診断の適格性 ………………… 99
産業保健総合支援センター ……… 150
産業保健チーム ……………………… 39
時間外・休日労働 …………………… 147
事業主証明 …………………………… 141
事業場における労働者の健康情報等の取
　扱規程を策定するための手引き … 233

自殺 …… 3
自殺企図 …… 196
自殺対策基本法 …… 6
疾病性 …… 30
下関商業高校事件 …… 129
社会保険労務士 …… 239
就業制限 …… 72
就業配慮 …… 72
主治医 …… 42, 70, 71
――への問い合わせ …… 187
主治医診断 …… 92
――の信用性 …… 99
主治医面談 …… 89
障害者雇用 …… 7
傷病手当金 …… 155, 188, 193
情報セキュリティマネジメントシステム
…… 233
ジョブコーチ …… 81
事例性 …… 30, 48
診断書 …… 49, 58, 66, 72, 155
心理的安全性 …… 12
心理的負荷による精神障害の労災認定基準 …… 134
ストレスチェック制度 …… 6, 47
生活記録表 …… 59
精神障害者保健福祉手帳 …… 166
精神療法 …… 32
セクシュアルハラスメント …… 6

■た　行

大建工業事件 …… 187
退職勧奨 …… 127
タイプA …… 46
多重関係 …… 43
他人への攻撃 …… 106
試し出社 …… 77
段階的復帰 …… 160
単身赴任 …… 205

チーム内守秘 …… 39, 40, 215, 222
長時間労働 …… 5, 147, 179, 213
定期的な連絡 …… 57
電通事件 …… 6
東京合同自動車事件 …… 116
東京商工会議所事件 …… 104
東京電力パワーグリッド事件 …… 92, 101
統合失調症 …… 109
東芝事件 …… 6, 136
独立行政法人N事件 …… 94, 98

■な　行

二重関係 …… 43
日本通運事件 …… 93, 98, 106
日本テレビ放送網事件 …… 99, 100
日本電気事件 …… 181
日本ヒューレット・パッカード事件 ……
…… 109, 201

■は　行

ハラスメント …… 163, 214
パワーハラスメント …… 6, 139, 214
評価 …… 22
復職・退職判定の判断基準 …… 86
復職後の業務 …… 102
復職後の賃金 …… 104
復職後の問題行動 …… 116
復職申請書 …… 72
復職判定委員会 …… 77
復職率 …… 38
北産機工事件 …… 175

■ま　行

マガジンハウス事件 …… 114, 151
面談 …… 122
妄想 …… 109
問題社員 …… 106

■や　行

薬物療法……………………………… 32
ユニオン……………………………… 131
要配慮個人情報……………………… 230

■ら　行

リハビリ勤務………………………… 80
両立支援……………………………… 7
リワーク…………………………… 79, 164
連絡が取れない従業員………… 123, 154

労災認定基準………………………… 6, 27
労働基準監督署……………………… 142
労働災害（労災）…………………… 134
労働時間管理………………………… 213
労働施策総合推進法………………… 163
労働者の心の健康の保持増進のための指
　針…………………………………… 26
労働相談……………………………… 4

■わ　行

ワコール事件……………………… 124, 154

≪著者紹介≫

森本　英樹（もりもと　ひでき）
執筆担当：第1章，2章，7章，8章
医師・医学博士，社会保険労務士，公認心理師，労働衛生コンサルタント（保健衛生）。
奈良県生まれ，産業医科大学医学部卒，千葉大学医学部大学院卒。市立堺病院，産業医科大学　産業医実務研修センター，住友金属工業（現 日本製鉄）にて医師，特に産業医の専門家としての経験を積んだのち，2013年に森本産業医事務所を開設，現在に至る。
社会保険労務士と公認心理師資格を持つ産業医として労働衛生に関するコンサルティングや嘱託産業医，実務家視点でのセミナー講師，執筆，研究等を行っている。メンタルヘルスや両立支援，健康経営に詳しい。

向井　蘭（むかい　らん）
執筆担当：第3章〜7章
弁護士。杜若経営法律事務所所属。
1997年東北大学法学部卒。2003年弁護士登録，狩野祐光法律事務所（現 杜若経営法律事務所）入所。一貫して使用者側で労働事件に取り組む。団体交渉，労働争議等労働組合対応から解雇等の個別労使紛争まで取り扱う。現在日本と上海に居住し，中国労働法にも取り組む。
近年，企業法務担当者向けの労働問題に関するセミナー講師を務めるほか，雑誌「ビジネス法務」「ビジネスガイド」等に寄稿し，情報提供活動も盛んに行っている。
また，Podcastで，労働法の基礎やビジネスに関する法律の問題をわかりやすく解説する番組「社長は『労働法』をこう使え！」を配信している。

ケースでわかる

実践型 職場のメンタルヘルス対応マニュアル

2020年7月1日　第1版第1刷発行
2023年3月30日　第1版第11刷発行

著　者　森　本　英　樹
　　　　向　井　　　蘭
発行者　山　本　　　継
発行所　㈱中央経済社
発売元　㈱中央経済グループ
　　　　パブリッシング

〒101-0051　東京都千代田区神田神保町1-31-2
電話　03(3293)3371　(編集代表)
　　　03(3293)3381　(営業代表)
https://www.chuokeizai.co.jp
印刷／文唱堂印刷㈱
製本／㈲井上製本所

© 2020
Printed in Japan

関係全法令を収録し表欄式で解説した、実務・受験に定番の書！

社会保険労務ハンドブック

全国社会保険労務士会連合会 [編]

高度福祉社会への急速な歩み、また社会保険諸制度充実のための大幅な法改正。それに伴う労働・社会保険関係業務の顕著な拡大、複雑化……。本書は、このような状況において開業社会保険労務士、企業内の社会保険労務士ならびに業務担当者、あるいは社会保険労務士試験受験者等の方々にご活用いただけるよう、関係諸法令を従来にない懇切な解説とユニークな編集でまとめました。

毎年好評発売

■主な内容■

労働法規の部

第1編　個別的労働関係……第1　総説／第2　労働関係の成立・終了／第3　労働基準／第4　その他関連法規

第2編　集団的労働関係……第1　労働組合／第2　労使関係

社会保険の部

第1編　社会保険関係……第1　健康保険法／第2　健康保険法（日雇特例被保険者特例）／第3　国民健康保険法／第4　高齢者の医療の確保に関する法律／第5　厚生年金保険法／第6　国民年金法／第7　船員保険法／第8　介護保険法／第9　社会保険審査官及び社会保険審査会法

第2編　労働保険関係……第1　労働者災害補償保険法／第2　雇用保険法／第3　労働保険の保険料の徴収等に関する法律／第4　労働保険審査官及び労働保険審査会法

関連法規の部
第1　行政不服審査法／第2　社会保険労務士法

付　録
届出申請等手続一覧

中央経済社